高情商

掌控你的爱情与婚姻

磨剑◎著

中国法制出版社
CHINA LEGAL PUBLISHING HOUSE

前 言

男人和女人是人类永恒的话题。恋爱、婚姻、家庭，构成了人生重要的内容。于是，男人想知道女人在想什么，女人想知道男人究竟要什么。难道男人真的是泥做的，女人真的是水做的？或者男人来自火星，女人来自金星？

教会我们如何更好地了解彼此，提高情商、掌控自己的爱情与婚姻。

男女的话题，说简单也简单，说复杂也复杂。复杂时可以让无数痴男怨女、文人骚客肝肠寸断、文思泉涌；简单时又如一缕青烟，挥挥手便踪迹全无。如果男人和女人能相互理解和体谅，站在对方的视角去看问题，生活中的纠结就会迎刃而解。

境界更高的人或许会告诉那些在恋爱、婚姻中挣扎的围城男女：顺其自然，一切全凭缘分。正如时下备受关注的“出轨”问题，平心而论，“困守”在一座城里的一男一女，常常想去看看外面的风景。图省心的话，最好的办法就是自己守一座孤城。但是，如果决心进入两个人的城，那就要看你守城的本事了。一旦守不住，就要承受自己当初的抉择带来的后果，缘聚缘散，顺其自然。

本书作者根据自身多年的经历和思考，对男女两性差异、思维方式、情感需求的不同进行了精辟的诠释，贴近生活，言之成理。信手拈来的小故事就像是发生在我们身边，或是我们亲身经历、耳闻目睹的事。作者的分析令人对男女话题有了更深的感悟，教会我们如何更好地了解彼此，提高情商，掌控自己的爱情与婚姻。

目录

Chapter 1 男人是这样的

Chapter 2 女人是这样的

Chapter 3

爱情经过的时候

Chapter 4

真爱的随堂练习

Chapter 5 围城里的男女

Chapter 6 如此掌控婚姻

Chapter 7

听懂话，读懂心

Chapter 8

我们天生不完美

Chapter 1
男人是这样的

漫长的男人身体成长日记

男女之间的身体、情感、心理等都存在着差异。男孩要成长为一个肉体和精神方面都成熟且健康的男人是一个漫长且艰难的过程。一般来说，大部分女性认为男人的成长单纯而且省事，至少他们不用忍受身为女性每个月生理期到来时身体不便所带来的苦楚。但实际上，男性也有着自己的烦恼。

著名的精神分析学家弗洛伊德根据人从身体不同部位获得性冲动的满足时间，将人格的发展分为五个阶段，其中有一个“性器期”，即男孩长到四五岁的时候，通过触摸性器官获得满足，这个时候男孩就能感受到“性”这种东西。从进入幼儿园开始，男孩则开始对女孩产生兴趣，当然他们的方式让女孩深恶痛绝，如揪女孩的头发、在她们的书桌里放毛毛虫等。很多时候大人将这种行为方式归结为淘气，并不会想到男孩的难言之隐，或者连他们自己都说不清楚这么做可能是为了发泄隐藏的欲望。再长大一些，进入青春期的男孩普遍地让父母和老师头疼，但这并不能怪他们，因为他们的身体发生了不可控的变化，欲望觉醒，可是难以启齿，这让他们躁动不安。

一方面面对身体的躁动，另一方面男孩也面临着沉重的学业压力。因为担心影响学习，家长和老师对男孩管得很严，他们不能早恋。那么，他们如何将体内的躁动释放出来呢？如果能够大量地运动就好了，可现实情况是，他们被要求整天闷在教室里学习，回到家还要学习，整日呆坐，体内的能量被蓄积起来。严重的话，男孩会越来越叛逆，他们将体内的躁动转化到打架、打游戏等父母反对的行为上，让父母和老师十分头疼。

随着男孩的成长，他们的性欲也越来越强烈，同时学业的压力也越来越大。所以说，对男孩来说，能否表现优秀、脱颖而出，重要的就是克服自己的躁动，学会抑制自己。在我们的文化中，青少年的性欲是一直被忽视、掩盖起来的。但是，青少年对女性的好奇并不能断绝。

电影《朗读者》讲述的就是16岁德国少年米夏对女性的好奇以及和中年女人汉娜的爱情故事，两人在尝试了性爱的快乐后无法自拔。在度过一段快乐时光后，有一天汉娜消失了，这带给了米夏巨大的伤害。以至于过了很长时间，米夏也没有从情伤中走出来。故事的背景是20世纪50年代，汉娜原来是纳粹集中营的看守，她的行为使她成为战犯而接受法庭的审判。米夏后来成为一名年轻的律师，与汉娜在法庭上相见，两人再一次产生了交集。从整个电影来看，与汉娜的感情影响了这个16岁少年的人生，特别是在感情方面。

当然，大多数男孩能度过有惊无险的青春期，进入大学，进入社会。他们终于可以理直气壮地谈恋爱、结婚。这时候他们的身体成熟，可以不再压抑自己的欲望。同时，他们也要面对情感、工作上更多的问题。首先是感情问题，在恋爱的同时还有来自工作的压力。男人十分重视自己的经济状况，就像女人重视自己的相貌一般。男人为了事业努力奋斗，履行他们作为男人的责任。在努力奋斗的同时，一些男人的身体却越来越向自暴自弃的方向发展，除了在短暂的青年时期能够让人欣赏之外，一旦进入三十岁，这些男人就开始发胖，有啤酒肚的男人甚至不在少数。

前些年，网络上曾掀起一番关于“中国男人为什么这么丑”的讨论，引发了国人的思考。中国男人对外貌的问题大多采取置之不理的态度，即使某些坏习惯如抽烟、近视和脱发等行为在削弱他们对女性的吸引力。在穿衣打扮上，男人并不上心。当然男人不重视自己的外表也是有原因的，因为很多女性在选择配偶的时候对男性的外表并不重视。同时物质重担压在男人身上，导致他们压力太大，忙得根本没有时间重视自己的身体情况。

但是男人又不像女人一样喜欢倾诉，女人很少听到他们的心声，所以女人经常会对男人产生误会。其实，男人同样有悲伤、快乐、恐惧、害怕、愤怒等情绪，只是他们选择了沉默。男人喜欢用抽象的东西来解释他们的经历，如鲍勃·迪伦的英文歌《答案在风中飘》的一句唱道：how many roads must a man walk down（一个男人要走得多远），before they call him a man（才能称为男子汉）。男人自动地过滤掉他们经历的痛苦、焦虑和辛苦，只给女人留下潇洒的背影。

用眼睛看世界的生物

人们都说，男人是视觉动物，女人是听觉动物，男人是用眼睛来看世界的，女人则是用耳朵来听世界的。

男人都爱美女，这似乎是公认的。男人看到女人，首先看的是容貌，传说中的一见钟情，不过是一见钟脸罢了。不管是“高富帅”还是“矮穷挫”，都喜欢美女，希望身边的朋友都是美女，并且希望娶到美女老婆。为此，人们常常调侃说：“谁说男人都是花心的，男人向来最专一了，不管是二十出头的小伙子，还是七八十岁的老头，都喜欢20岁的漂亮姑娘。”

文人才子风流多情，恣意情场，人们已经见怪不怪了。现实中也有许多风流多情种，如台湾的文学大师李敖。李敖多年来备受关注，除了其犀利的文风、深邃的思想，另一个原因便是他的多情。

李敖有很多段情史，他的第一任妻子是被誉为“七十年代台湾第一美女”的电影演员胡因梦，在当时的台湾，胡因梦是名副其实的“女神”，是闻名于世的才女和美女。他们的相恋曾被看作“才子佳人”式的爱情，甚至上了当年《时代》周刊的封面，可惜，这段婚姻只维持了3个月零22天，两个人就“散伙”了。

李敖的第二任妻子比他小30岁，是典型的“老少配”。李敖第一次见到妻子小屯，是在台北市仁爱路的一处公交站牌前。看到19岁的少女身材高挑，外表亮丽，李敖立刻就走上前要了电话号码，当时，李敖49岁，妻子19岁。此后，妻子从护校插班考入文化大学中文系和中兴大学中文系，李敖一路陪伴，终于在8年爱情长跑后结婚。

李敖自称“勾女有术”并不是吹嘘。他曾经送18岁的女朋友17朵玫瑰花，然后对她说，“差的那一朵就是你！”如此高级的赞美，恐怕若干粗俗男人想破脑袋都想不出来。

李敖曾经发表“美女论”，谈论什么样的女子才算美。在他眼里，太肥太胖的不能选（进化本能决定的吗？），像维纳斯的腰就太粗了，像美国人那种看起来很壮的女子也不能选，中国女孩的纤细倒是可取的。从他交往过的女性来看，无不是貌美如花的窈窕美女，倒是符合他对女人一贯的审美态度。

男人是视觉动物这个定论，并不是没有科学依据的。一份来自美国的研究显示，男性被试在看色情图片时，大脑特定区域的反应非常强烈，女性被试的相同区域则没什么反应，男性被试手指的流汗程度也比女性被试强烈。另外一点，男性被试在看到色情图片时，就会激起性欲，女性被试则需要知道一些背景，了解了相关信息之后才会激起性欲。

如果从人类进化的角度来说，从人的动物本性来说，男人用眼看世界的本性是有一定道理的。

作为自然界的一个物种，人类的两性结合最初和狮子、老虎、羚羊一样，纯粹是为了延续后代，因此，男性在选择女性时会从其外观上进行甄别，挑选最优质的遗传基因，繁育出健康、美丽的后代。男人在看女人时，会特别注意身材、头发、皮肤、眼睛等方面。

所谓的好身材，并非当下流行的骨瘦如柴、白骨精体型，而是匀称、不胖不瘦的曲线身材。所谓胖人多气虚，瘦人多血虚，过胖或过瘦都是不健康的表现。在西方世界，有人提出 0.7 的腰臀比例，即腰部的周长是臀部周长的 70%，其他国家的数字肯定有变，高或低都有可能。

这个比例并不是时尚大师定的，因为那些 T 台上的模特并不符合这一要求，而且对男人这种视觉动物来说，符合现代审美取向的模特身材并不具有绝对的吸引力。为什么腰臀比例是 0.7 的女人更有吸引力呢？从进化论的角度来看，腰臀比低于 0.6 的女性可能面临分娩不顺，高于 0.8 的女性则趋于肥胖。

此外，很多男人喜欢长发飘飘的女子，为此，许多女孩子留长发，每日精心打理，变换各种发型。在各种发质中，笔直光滑的头发是最健康的，头发干枯、分叉、少白头在中医看来是肾气不足的表现，有的人是由于患病所致，有的人则天生如此，其后代必然也如此。

男人从这些方面选择女人，本能上是出于种族延续的考虑，和男人的个人素质、道德品质没有太大关系。女人也有类似的特性——女人也喜欢帅哥，但是和富有的、有一定权力的男人相比，她们可能更喜欢与后者结合，这一点也可以追溯到种族延续的因素——作为母亲，女人必须为自己的后代找到安全的、舒适的生长环境，经济与社会地位较好的男人恰好符合这一点要求。

玩游戏不过是为了赢

现在的人们一想到游戏，头脑中浮现的多为网络游戏，其实游戏的范围非常广。游戏有智力游戏和活动性游戏之分，前者如下棋、搭积木、打牌等，后者如追逐、接力及利用球、棒、绳等器材进行的活动，多为集体活动，并有情节和规则，具有竞赛性。大部分人打过牌、下过棋、玩过篮球足球等各种活动。这些游戏有一个共同点，就是为了赢。当今世界上，大规模的游戏有很多，如奥林匹克运动会，里面的比赛项目就是游戏，大多数国家参加也是为了赢得比赛，获得奖牌。

很多男人爱玩游戏，想在游戏中获胜，从小就是如此。大型亲子类真人秀节目《爸爸去哪儿？》第二季中，有一期节目中村长让小朋友们带小狗赛跑的环节，孩子的爸爸在终点等着孩子和小狗。有的小狗跑得很容易，有的小狗看起来则十分艰难，其中杨阳洋的小狗就跑得很艰难。杨阳洋用食物引诱小狗，可是没起多大的作用。在其他小朋友的小狗都到了终点之后，杨阳洋哭了起来。杨阳洋的父亲杨威去劝导他，两人终于引导小狗跑到了终点。杨威在比赛结束后说，杨阳洋很想赢得这场比赛，在遇到挫折之后，才着急地哭。杨阳洋还是那么一个五岁的小孩，就有强烈的要赢的心理，可见男人对游戏结果的看重。

从小的时候开始，男孩就拥有很多玩具，有男人这么说过："小孩子要的不是不同的玩具，而是不同的游戏，长大成人后也是一样。"游戏伴随着男孩长大成人。男孩在游戏中不断地获得成就感。多年以来，游戏的形态发生了巨大的变化，但是人们渴望在游戏中赢的心态并没有改变。很多男人喜欢玩网络游戏，在游戏里体会征服世界的快感。

对谈恋爱的男人来说，两人的关系常会因为游戏而遭到严峻的考验，女人一直对玩游戏的男人心存不满。严重的情况下，选择游戏还是选择女友成为让很多男人头痛的事情。我们都听过这样的剧情，女朋友认为男朋友不爱他，非要将自己放在与游戏同一位置，试图让男人认为她比较重要，结果导致关系破裂。这导致很多人对游戏深恶痛绝，认为是这些游戏的错。就像金钱本没有错，错的是使用它的人，错的是人性的贪婪。对玩游戏的人也一样，不懂得自我克制地玩游戏才是最大的错误。当然，大部分人能分清现实世界和网络世界，有的人玩游戏是为了打发时间，有的人还把游戏玩成了终身职业，不仅满足了兴趣，还赚到了钱。

而网络游戏里也有友情、爱恨，是另外一个江湖，是男人的另外一种人生。据说还有人在游戏里学投资。

举个例子，《暗黑破坏神 3》是一款单人游戏，这个游戏有一个与众不同的地方在于它有一个叫"拍卖所"的在线交易系统，用户可以在"拍卖所"里交易各种虚拟装备，游戏里的结算钱币是金币。游戏自成一个王国，玩家可以在里面选择五种不同的职业，除了能感受到体验丰富的设置、史诗般的故事情节，挑战恶魔、怪物，增加经验，让自己变得强大起来，玩家还可以在很短的时间获得巨大的收益，实现财务自由。

那么，如何在虚拟世界进行投资呢？其实道理和在现实世界里是差不多的，就是低价买进，高价卖出。比如，“暴雪炮弩”目前的平均售价在1000万到2000万“金币”之间，有人以非常便宜的价格——100万“金币”的价格买进后，又以1000万“金币”的价格卖出，十分暴利。原来的玩家为什么会以如此便宜的价格出售呢？是因为装备的随机属性不佳，但是如果它们的基本属性相同，那么完全可以以比市场上的主流价格便宜一点的售价卖出，交易就能够迅速达成。将玩游戏的理论应用到现实生活中，只要能够判断出一样东西的内在价值，在现实生活中可能就能获利。这就是游戏教给人们的策略。

游戏已经与我们的生活息息相关，生活中有很多游戏相关的周边产品，很多经典的游戏还被改编成了电视剧，如仙剑奇侠传、古剑奇谭等。

游戏是一种载体，是一项竞技运动，本身没有对错，没有善恶。男人是一种争强好胜的动物，在游戏中，他们喜欢和朋友交流，喜欢游戏带来的成就感。以后会有更多的游戏开发出来，男人的游戏会永远继续下去。

睡在我上铺的兄弟

男人是很重视兄弟情、朋友情的。从很小的时候开始，男孩子就在一块儿玩耍。从少年时期开始的友情，可能会贯穿男人的一生。男人们会形成自己的圈子，聚在一起喝酒、玩乐，即使男人有女朋友了，结婚了，也依然与自己的男性朋友吃喝玩乐。

为什么男人之间的友情对他们来说如此重要呢？就像《睡在我上铺的

兄弟》这首歌中唱到的那样，“分给我烟抽的兄弟，分给我快乐的往昔”。男人跟男人在一起就是物以类聚，他们从彼此身上获得认同。“我是男人”这种感觉就是在同类之间的交往中逐渐加强的，而没有男性朋友的男人，如生活在女人堆中的男人，可能就不容易获得同类的认同。如果男人失去友情，就是被拒于男人世界之外，失去认同感的男人就犹如失去狼群的孤狼。所以，男人才异常珍视这种友情。男人的友情就像是奢侈品，需要为朋友付出时间、精力，甚至为朋友“两肋插刀”也在所不惜。

此外，男人之间的友情缓解并释放了他们的攻击性。男人最明显的攻击行为就是打架，当然大多数男人都是在进行娱乐性的攻击，这样既释放了攻击性，彼此之间的友谊也没有受到影响。我们经常可以看到男性朋友见面时会有一些身体上的接触，如给对方几拳，用力地拍对方的背，给对方使个绊子，看对方出丑，并且他们还都挺高兴。除了身体上的攻击，一群男人聚在一起，经常相互讽刺、嘲笑，还聊得热火朝天。前些年有一档脱口秀节目《今晚“80后”脱口秀》，里面的很多段子就是主持人王自健和他的好朋友旦旦、赖宝和王建国这四个人的自身写照，里面有很多讽刺和挖苦。王自健经常学他的朋友的声音、表情和动作，让观众捧腹大笑。可见，将男人之间的友情呈现出来，还能变成电视节目创作的资源。

男人与男人之间既是朋友关系，也是竞争关系。再好的朋友私下也可能在暗暗较劲，甚至可以说关系越好的朋友竞争得可能越厉害。对男人来说，好朋友和竞争对手的身份可以共存。竞争有利于男人的身心成长，也是男人前进的动力。

电影《另一个大仲马》讲述的是法国著名作家大仲马和他的助手兼朋友奥古斯特·马克之间的真实故事。大仲马闻名世界，但很少有人知道奥古斯特·马克。马克在18岁的时候就成了历史学教授，之后，他转向了文学领域。在他25岁的时候，认识了当时36岁的已经十分出名的大仲马。马克为大仲马打草稿，提供小说素材、情节概述，大仲马负责刻画人物形象，构建情节，写重要章节的结尾。大仲马的作品很多，总共有约250部小说。鲜为人知的是，大仲马的这些作品是与73位助手合作的结果。大仲马给了助手们丰厚的报酬，当然他们的名字并没有出现在书的扉页上。

电影讲述了两人相识十多年里，既是朋友，也是竞争对手的关系。在创作上，两人互相引领，创造出了很多作品，著名的有《三个火枪手》《基督山伯爵》等。在爱情方面，大仲马十分风流并且争强好胜，而马克是怯懦的。马克爱的女人夏洛特勇敢地鼓励他自立门户，但实践起来并没有成功，马克一直都在大仲马的阴影下生活着。大仲马非常依赖马克，即使他想尽办法要证明自己在各方面都比马克优秀。电影展现了两人之间微妙的竞争，十分真实。

男人之间的友情真的很微妙，既充满了挑战、竞争，同时还是有温情的。不过男人之间的温情与男女之间的温情差别很大，或者说男人之间可能更害羞，更不好意思，表达起来不是很畅通。女人能够用多种方式来表达，而男人跟男人可能用一种比较粗糙的、硬碰硬的方式。在香港电影古惑仔系列里的男人们就是这样，有人欺负了山鸡，陈浩南就会替山鸡出头。可以说，男人是很享受这种关爱的。有很多血气方刚的年轻人看了这些电影，对这种兄弟情、朋友情充满了向往。所以在20世纪90年代，类似的电影十分受欢迎。此外，从更深的层面说，一个男人接受来自另外一个男人的关心，会让他体会到兄长式的、父亲式的爱，这种关爱让男人感到十分安全。

男人在少年时期就已经体会到了这种男人之间的情感，所以男人即使将来结婚了，这些兄弟情、朋友情也依然很重。所以，女人们一定要注意，千万不要阻止自己的男朋友或丈夫去见他的朋友，否则“女人如衣服，朋友如手足”这句话可能最后就成真了。

男人渴望被需要

与其说男人渴望被人需要，还不如说男人女人都渴望被需要，不然怎么能证明自己的价值呢？当然，对男人来说，被需要是非常重要的，在现代社会，男人更需要证明自己的价值。

在经济方面，男人是被需要的。具有高超的挣钱能力和事业的成功可以弥补很多方面的缺陷。

在感情方面，男人是被需要的。男人追求女人，尊重她的感受，为她的幸福考虑，女人就能感受到对方的爱。在男人的心目中，女人具有重要的位置。女人在爱情中获得了满足感，女人承认男人为她带来安全感，相信他能为两人的幸福努力奋斗，那么男人被需要的需求就能得到满足。男人为了回报女人的信任，就会更加关心女人的感受，愿意给女人更多的快乐。

著名的华人导演李安凭借《少年派的奇幻漂流》再次获得奥斯卡最佳导演奖，在此之前，他导演的电影《卧虎藏龙》获得奥斯卡金像奖最佳外语片奖及三个技术奖项，电影《断背山》获得奥斯卡金像奖最佳导演奖。现在的李安十分成功，但在成名之前，他做过整整七年的“家庭煮夫”，妻子林惠嘉则在外赚钱养家。李安热爱电影，却一直没有得到机会。

坚持电影梦想的李安承担了很多压力，特别是来自世俗的压力。因为李安很会做菜，林惠嘉的妈妈曾对李安说，她来出钱，让李安开一个中餐馆。虽然李安一直顶住了丈母娘的压力，但在等待的过程中，焦灼的李安也曾尝试转行，他偷偷跑去学电脑，可是因为妥协而放弃电影的梦想让他一点儿都不快乐。妻子林惠嘉发现了丈夫不对劲，也发现了丈夫正在看电脑方面的书籍。当天晚上，林惠嘉并没有说什么，但在第二天早上，林惠嘉对丈夫说："安，要记得你心里的梦想。"

林惠嘉还告诉过李安："一个人只要会一门手艺就行了，你的手艺就是拍电影，你好好地专心拍你的电影就好了。"就这样，李安坚持了下来，很大程度上归功于他的妻子。林惠嘉是一个有魄力的、内心强大的女人。她没有抱怨，也没有像狗血励志剧里演的那样大喊"你能行，加油！"只是轻描淡写的几句话，表达了她对丈夫的信任。虽然李安不外出工作，但他为家人做饭，包揽了所有家务。李安在成名之后，有一次他和太太到纽约法拉盛的华人区买菜，有位中国台湾地区来的太太看到李安夫妇在一起，对林惠嘉说："你真好命，你先生现在还有空陪你来买菜！"而林惠嘉则回道："是我今天特别抽空陪他来买菜的！"其实林惠嘉平时很忙，很少陪李安买菜。李安成名之后，林惠嘉还和过去一样，两人的关系没有受到任何影响。

在武侠小说里，那些一时落魄的英雄在日后扬眉吐气之时，都会对在他落魄时施以援手的人报答知遇之恩。在外人看来，林惠嘉对李安有知遇之恩；但对林惠嘉来说，她从来没有想到自己对丈夫有很大的恩情，她只是做到尊重丈夫，尊重丈夫的梦想，同时她也勇敢地承担起李安没有成功的后果。所以，在李安成功之后，她也能一如往昔地对待李安。不管他是成为大导演的李安，还是家庭煮夫的李安。李安在林惠嘉这里得到了充分的理解和认可，同时，他也是被妻子需要的。他成功之后，还是为家人买菜做饭。李安在《少年派的奇幻漂流》获得最佳导演奖的领奖台上也说出了对妻子的感谢，他说道：“感谢我的妻子，今夏我们结婚已经三十年了。”

男人在被需要的渴望中获得激励，可能取得极大的成功。同时，被需要的渴望也可能让男人失去自我，为别人的需要而活，甚至被这种被需要的压力压垮，因为被需要也意味着要肩负更重大的责任。所以，男人的内心常常感到矛盾，一方面渴望被需要，一方面又不想失去自我。在我们的社会中，很多时候，男人都选择了被需要。

年轻的男人为工作和婚姻所需要，这是他们前进的动力。而他们常常只能兼顾一个方面。全心全意投入工作的男人，可能会失去妻子和孩子的信任。曾经有新闻报道，日本的退休男人回归家庭之后，不会做家务，也不会处理和妻子、孩子的关系，被认为是“大件的垃圾”。就男人而言，他们喜欢那种拥有一切，被尊重，被欣赏，被赞美，被社会、家庭所需要以证明他们价值的感觉。

女人的眼泪是死穴

都说眼泪是女人的武器，当然这得建立在男人爱这个女人的基础上。否则的话，女人的眼泪流得再多，男人也不会当回事儿。当男人不爱女人了，女人说话是错，静默是错，可能连呼吸都是错的，哭只能遭致男人的厌烦。

下面我们要讨论的是，在男人爱女人的情况下，面对女人眼泪时的几种心理。

看到心爱的女人哭，男人会感到心疼、自责或内疚，检讨自己有什么地方表现得不好或是犯了错误，惹得女人伤心了。这个时候的眼泪是管用的，男人会更认真地对待女人；看到心爱的女人哭，男人会心软，他们会试图安抚女人难过的情绪，想办法逗女人开心；看到心爱的女人哭，再强势的男人可能也会变得气势弱下来，有的男人甚至忘记原则，即使他是对的，也会认错，只是为了女人不再在他面前掉眼泪。这些时候，女人的眼泪是有用的，不管女人是受委屈而哭，还是单纯地为发泄而哭。

哭也是有技巧的，如果能像林妹妹一样哭得凄美，绝对会激起男人的保护欲；如果能像杨贵妃一样哭得梨花带雨，也能让男人立刻拜倒在女人的石榴裙下。但最能让男人心碎的哭，是心爱的女人的眼泪噙在眼中，楚楚可怜地望着男人无声地哭。男人喜欢这种心中有情的眼泪；而最令男人招架不住的是，是女人扭身落泪的那一瞬间，这个时候女人展现的风情和柔情最能击垮男人。

除了感情，女人的眼泪在工作上也是有很大作用的，特别是上司是男人的情况下。流眼泪不代表女人是弱者，只是适当地展现了女人的特质，唤起了男人对女人的同情和理解。

最近丽莎在工作中遇到了很大的问题。她是公司里的一个部门主管，因为部门新员工过多，空有积极性，却屡次出现失误，导致最近部门的工作一直处理不好。她也多次跟员工开会，还开除了一名能力不逮的员工，但是下属的工作状态仍然不是很理想，并且私下里认为丽莎太过严厉，叹息自己进错了部门。

而丽莎的上司对她的工作完不成也越来越没有耐心，他看重的是结果，过程怎么艰难他是不关心的。受夹板气的丽莎只好向自己的老公大李倾诉，大李在另一家公司也是一个部门主管。因为压力太大，丽莎在说的时候几次眼含热泪，她都强忍了下去。大李问她是否在公司哭过，丽莎表示从来没有，她认为在工作的时候流眼泪是很不专业的。大李却告诉她，他的女下属张莎有一次因工作失误在他面前一边解释原因，一边流泪，他立刻就原谅了她，并且还提供了很多帮助。

大李告诉妻子，很多时候，在适当的时候掉几滴眼泪，这种示弱的态度能够击中上司柔软的内心，拉近与上司和下属间的距离。

几天后，上司单独和丽莎谈话的时候，对丽莎的工作表示不满，丽莎有些声音哽咽地对上司说："在我的团队中，每个人都在努力，希望您能再给我们一点时间。"这时，上司平时严厉的表情变得柔和起来，最终决定再给丽莎一些时间，并且表示作为上司对丽莎的部门关心不够。

丽莎回到部门之后，不再像过去一样严厉地要求下属，在开会的时候，她先是肯定了下属们的努力，同时表达了自己的难处，说到痛心处的时候，丽莎哽咽了。这个时候对她颇有微词的下属也受到了感染，有的人眼圈也红了。

后来一切都好转起来，上司不再那么苛刻，下属们不再抱怨，而是努力工作。丽莎也懂得了女人流眼泪并不是示弱的表现，而是工作上的润滑剂。

虽然在现代社会，女人变能干了，哭的时候变少了。但不管女人再怎么能干，还是有落泪的时候，而男人们也是吃这一套的。

男人都有一个英雄梦

在男孩成长的过程中，他的内心会产生一个成为英雄的梦想。随后，这个英雄梦逐渐成长，变成男人一辈子追求的成功和荣耀。著名的超现实主义艺术家达利说过：“六岁时，我想当厨师。七岁时，我想当拿破仑。从此，我的雄心壮志一直不停地增长，就像我对各种伟大事物的狂热迷恋一样。”虽然男人英雄梦的内容不断变化，但他们对英雄梦的追求一直没有停下。而且，每个时代的男人的英雄梦都是不同的。

“在虚构的故事中，战争是英雄，是美，是男人的梦想。”在过去打仗多的时代，男人想当英雄最快捷的方式就是上战场。当然，上战场有风险，当英雄需谨慎。英雄是一个高风险的职业，但还是有很多男人前赴后继。伴随着高风险的当然是高收益，当英雄首先带来的是名，跟随名而来的是利，最重要的是，英雄还能赢得众多女人的心。男人享受被女人推崇、仰视、倾慕的感觉，可以说，女人是男人成为英雄的一大动力。在影视剧里我们经常可以看到男人英雄救美的桥段，男人抱住遇到危险的女人，两人对视，女人怦然心动，男人也在这救人的行为中获得了英雄般的满足感，同时收获了女人的崇拜之情和爱慕之意。

英雄是拯救世界的象征，如美国创造的英雄形象超人、蜘蛛侠、蝙蝠侠等；日本创造的奥特曼、假面骑士等；这些英雄形象一方面满足了男人的英雄梦，另一方面也获得了众人的追捧。

中国也有很多英雄人物，如神话人物孙悟空、哪吒；武侠人物郭靖、杨过；历史人物荆轲、项羽等。这些英雄人物大多武艺高超，侠骨柔情，充满了力量和智慧，对平凡的人来说高不可攀。在中国的文化中，英雄一般是神化的。英雄要毅然承担比凡人更多的责任，就像小说里所写的，如果这个男人不出面，那么天下就会大乱。英雄要将天下装在心里，不可有儿女情长。中国的英雄一般是悲壮的，他们有一种悲悯情怀，要先天下之忧而忧，后天下之乐而乐。即使英雄的内心痛苦，这种苦痛也如史诗般悲壮。

对普通人来说，虽然不太可能成为人人皆知的英雄，但也有成为英雄的瞬间。

电影《泰坦尼克号》除讲述杰克和罗丝的爱情外，还向人们展示了普通男人的英雄行为。豪华游轮泰坦尼克号撞到冰山即将沉没，只有三分之一的人能坐上救生艇逃生。在面临生死的时候，大部分男人将求生的机会让给女人和儿童。在人们慌乱地逃生的时候，有的男人正襟危坐，准备从容地赴死，而由几个男人组成的乐队也在一边一直演奏音乐。这个时候，普通的男人也大放异彩，成为人们心中的英雄。

处于现在这个高度商品化的时代，男人的英雄梦也发生了很大的变化，神话、武林和历史都已经远去，不论是英雄的精神内涵，还是对英雄的崇拜方式都与过去有很大的不同。而且，现在的英雄具有了普通人的人性。比如，电影《集结号》摒弃了符号化的革命英雄主义场面，体现了英雄也是一个普通人、也怕死的特点。只有经过激烈的挣扎，与人性的弱点作斗争，战胜内心的恐惧、变得勇敢，才能成为真正的英雄。由于现在的平淡生活不太容易产生英雄，今天的男人的英雄梦可以通过赛车、蹦极等各种极限运动展现出来。男人的英雄梦更多地借助科技手段实现，英雄梦的内涵已经从精神层面转向了物质技术层面。

混迹于成人世界的孩童

每个男人的心中都住着一个孩子，男孩在长成男人之后，孩子气的地方会越来越少，可是在大多数男人的心中，仍然当自己是孩童。

电影《泰迪熊》说的就是一个男人心理还是一个孩子的故事。主人公约翰的泰迪熊会说话，陪伴了约翰 27 年。约翰 35 岁了，仍然像一个没有长大的小男孩，在汽车出租公司工作，上班迟到，做事没有责任心。他的老板激励他说：你要是努力，就会坐上我的位置！但是约翰每天都和泰迪熊沉浸在男孩的世界里，根本没有努力的概念。

如果约翰只和泰迪熊生活，那么就不会有矛盾了。但是作为成年男人，约翰还要交女朋友，要结婚生子，只要约翰交女朋友，泰迪熊和女朋友之间的矛盾就会显现出来。随着时间的推移，矛盾越来越多，约翰的女朋友表示，如果泰迪熊不搬出去，他们就没办法继续生活。约翰将女朋友离开他的责任怪罪到泰迪熊身上，他们终于大打了一架，泰迪熊离开了约翰，但惨遭绑架。最后关头，约翰救了他，约翰的女朋友也原谅了约翰，两人一熊幸福地生活在了一起。

影片里的约翰是一个孩子气的男人，能够在 35 岁还像小男孩一样思考和生活的男人应该大部分已经绝迹了。因为社会会要求男人长大，负起责任。如果有人真的不愿意长大，那么就会成为混迹于成人世界的孩童，最典型的就是金庸武侠小说里的老顽童周伯通。

周伯通出现在《射雕英雄传》和《神雕侠侣》里，他是王重阳的师弟，全真七子的师叔。虽然周伯通年纪大，辈分高，但他不失童心，说话办事像一个顽童，无拘无束，毫无戒心。周伯通十分贪玩，有时候还耽误了正事，但是他一点也不着急。周伯通喜欢开玩笑，无法像成年人一样克制自己的言行举止，将玩耍作为生活中最大的乐趣。周伯通曾被黄药师困在桃花岛上长达十五年的时间，在这十五年里，周伯通自己和自己玩，自创了“空明拳”和“双手互搏”。

周伯通不懂感情，却与大理皇帝的妃子瑛姑有了私情。瑛姑爱上了周伯通，周伯通却从此逃避瑛姑，他对女人、对爱情有着恐惧的心理。

很多时候，对女人来说，心思单纯、身上有孩子气的男人很有吸引力，就像周伯通一样。可是爱上他们之后，会给女人带来无限的烦恼。因此，在我们常常对孩子气的男人讳莫如深。男人也深知这一点，所以将自己内心孩童的一面掩盖起来。

为什么男人不想长大呢？有一篇文章说，男孩被妈妈照顾惯了，当他长大之后，他认为女人照顾男人是理所当然的，而且被照顾的感觉很好。所以，出现了很多男人找女朋友，实际上是在找妈的情况，当然也有很多女人找男朋友是在找爸。

实际上，内心仍然有孩子气的男人没有什么坏心眼，他们没有什么功利心、嫉妒心，即使面对发达的朋友，他也能由衷地表示赞赏。

Chapter 2

女人是这样的

女人并非生而为女人

著名的女性作家弗吉尼亚·伍尔夫曾经写过一篇文章——《假如莎士比亚有个妹妹》，假如莎士比亚有个和他一样天资聪颖的妹妹，当哥哥学习拉丁文、语法的时候，妹妹没有机会学，可能她在父母的眼皮下缝补衣衫。即使妹妹鼓足勇气像哥哥一样离家出走，她也不可能成为戏剧演员，而是因为年轻貌美被剧院的经理收留，不久怀上他的骨肉。最后她可能被抛弃，声誉扫地，绝望地自杀，绝对不可能写出如哥哥一般流芳百世的戏剧作品。

这就是几个世纪之前女人的命运。实际上，女人并不是生来就是女人的，而是被很多因素塑造为女人。那么，究竟是哪些因素把女人塑造成为“女人”的呢?

首先是生理因素。相对来说，女人的身体比男人复杂，到了青春期，女人就能逐渐感受到身体带给她的制约。女孩的月经周期开始，每个月需要忍受一次流血。有的女孩能够安然度过，有的女孩则会受到痛经的折磨。这些女孩从青春期开始，身体就像是战场，意志与身体一直在进行着对抗。

也是从这个时期开始，女孩感到自己不能把握自己的身体，她是她自己，可她又不是她自己。当女人怀孕的时候，她更加感受到身体的变化和身体的不受控制。而且生育也是有危险的。尤其过去的女人生育的子女多，由于过多的生育导致身体变形和衰老，一辈子都被困住。此外，女人在四十五岁到五十岁之间还有一次更年期的生理危机。

其次是社会文化因素。很多社会形成了以男人为主体的社会形态。可以说，除了短暂的母系氏族统治和现代社会近百年来女人地位的提高之外，在历史的长河中，女人一直从属于男人，以“第二性”的身份活在这个世界上。即使在倡导男女平等的现代，女人与男人还是不平等的。这是整个社会长期形成的风俗、习惯和观念造成，不是一朝一夕就能改正过来的。

在生产力低下的传统社会中，女人一直在重复着自己的命运，生活在家庭里，没有创新，没有为社会做出突出的贡献。而女人最容易接近并能获得成功的就是文化方面。女人生活的世界很小，当李白四处游历、体验生活，写下壮丽的诗篇的时候，与他同时期的大部分女人只能待在家里，即使李白生活的唐朝是中国几千年封建社会里最开明的时代。虽然唐朝出了武则天女皇，但依然改变不了女人的地位。中国从古代一直流传着“女子无才便是德”的说法，将女人束缚起来。只有到了近代，女人的地位才得到提高。但是这些权利并不是男人主动给予女人的，而是需要女人争取的。比如，堕胎权、穿泳装权、女性选举权都是女人经过多年斗争争取来的。

最后，男人并不会轻易放弃自己对女人的权力。在漫长的以男人为主体的社会中，女人已经被刻板化。从人类的起源开始，因为男人生理上的优势使得他们认为自己优于女人，男人不会放弃自己的特权，而女人是什么样的，都是由男人来评说。在亡国的时候，女人总是被称为祸水，如褒姒、杨贵妃、陈圆圆。而且，制定法律的常常是男人。因为女人依靠男人而活的历史太长，所以很多女人的观念就是通过男性的成功来确认自己的存在。最经典的一句话就是“男人征服世界，女人靠征服男人来征服世界”。

有关“是什么让女人成为女人，而不是成为人”的言论在生活中经常能够听到，如那些教女人找好男人，嫁入豪门的洗脑成功学。这些言论将女人的幸福建立在找个好男人身上，如果女人不遵从，就会被称为剩女，承受来自社会、家庭的压力。这些压力除来自男人外，更有女性群体自己对自己施加的。

如果让女人自己选择，她是会选择作为女人而活，还是像男人一样活呢？我想很多女人会选择后者，与男人一样成为世界的主体，自己掌握和选择自己的命运。有一个流传很广的故事，从很久之前就体现出了女人内心最深的渴望。

有一个骑士外出打猎，他做错了事，受制于人，这个人让他回答“女人最想要什么”的问题，如果他回答得正确，可以免他一死。这个骑士四处询问，有人说女人最爱财，有人说女人最爱漂亮衣服，有人说女人最爱自由，有人说女人即使内心浪荡，仍然爱被人说成纯洁的，还有人说女人最爱男人的追捧……但是骑士带回的答案都不能让这个人满意。

后来，骑士遇到一个又老又丑的巫婆，巫婆说她能救骑士一命，但骑士要娶她为妻，骑士答应了。巫婆告诉他“女人最想要的是控制男人”。这个答案让骑士免于一死。骑士娶了巫婆，但在新婚夜，骑士很郁闷。突然，他看到巫婆变成了一个美女，美女让他选择：自己的妻子是白天年轻貌美、晚上又老又丑，还是白天又老又丑、晚上年轻貌美？骑士表示让巫婆自己选择。结果，巫婆选择让自己无论白天还是晚上都年轻貌美。

女人是天生的演说家

女人本身有很多优势。研究发现，女人的语言能力比男人强，女孩从两岁开始就比与她同龄的男孩更会说话。为了缩小男女之间的差异，研究人员找了三千对龙凤胎进行研究，研究结果表明：男孩在两岁时平均懂得44个词汇，同龄女孩懂得52个。

为什么女人的语言能力比男人强呢？从学习词语开始，女孩和男孩对词语的处理方式不同，女孩大脑里管语言编码的区域较为活跃，而男孩脑中视觉区域更活跃。也就是说，女孩只要听到就比较容易掌握，而男孩还需要看到，这也导致了一种普遍的说法“男人是视觉动物，女人是听觉动物”。所以，女人能够以更抽象的方式学习语言，处理语言。

除女人天生的优势外，女人比较有耐心，特别是在人际交往中能更有耐心地与人理论。现代社会有越来越多的女人参与政治，并且有越来越多的女政治家成为国家领导人，如德国总理默克尔、菲律宾前总统阿罗约、芬兰前总统哈洛宁、英国前首相撒切尔夫人、美国前国务卿赖斯……女人从政的历史较短，与男人相比有很多的劣势，但是女人也有很多的优势，丰富的语言能力能为她们增添不少魅力。

赖斯曾来清华大学进行演讲。赖斯是一个演讲高手，阐述能力极强。她思路清晰，善于分析问题，找出问题本质。赖斯在清华大学的演讲主题是教育的重要性。她先从自身谈起，论述教育改变了人们的生活，提高了人们的生活质量，教育挖掘出了个人的潜力。对个人来说，首先要找出自己的兴趣所在。赖斯小时候想当钢琴家，在她 17 岁的时候，发现很多比她小的孩子弹得比她好，于是她放弃了钢琴，转而学习国际政治。在大学里，她参加社团，有意识地培养自己的人际交往能力、演讲能力。大学里经常举行辩论比赛，而赖斯就是辩论席上的常客。

在大学时代，每个学校都要举行辩论比赛，在这些比赛里，经常是女孩挑大梁。有的辩论队甚至全是女孩。大部分女孩的演讲给人以亲切、温和，不强加于人的感觉。女人的语言能力也体现在学习英语、日语等语言方面，很多翻译学者是女人。杨绛是著名的翻译家、剧作家。她通晓英、法语，又自学了西班牙语。她的语言沉稳简洁，看似平淡，却不贫乏。杨绛翻译的作品有《堂吉诃德》《斐多》《1939 年以来的英国散文选》、西班牙著名流浪汉小说《小癞子》、法国勒萨日的长篇小说《吉尔·布拉斯》等。

女人不仅学习语言的能力强，理解语言的能力也比男人强。比如，在男女两性交往中，男人和女人说“你很受欢迎吧”，代表的意思也不同。当男人说“你很受欢迎吧”，实际上的意思是“你很受我的欢迎”，女人能明白这句话的意思是对方喜欢她。如果女人说“你很受欢迎吧”，实际上表达的意思是“你不是我的菜”，这是一种婉转地拒绝对方的说法，但很多男人无法理解。

此外，女人的肢体语言也很丰富，流畅的演讲能力加上引人注意的肢体语言是女人的优势。

闺密就是手中宝

古代小姐的闺房十分幽闭，闺阁中的女孩子们被称为闺中密友，也就是现在的闺密。闺密一般指女性最好的朋友，一般是从少女时期开始培养起来的。女孩其实很怕孤单，所以她们自动结成小团体，可以在体育课上聚集在一起聊天，不被排斥。如果形单影只，可能难以抵御孤独、脆弱的感觉。很多女孩与自己的同班同学、同宿舍、同桌成为闺密，在这种封闭的小团体里，女孩互相陪伴，分享彼此的秘密，度过漫长而艰难的青春期。这个时候的女孩，坚信她们会一直在一起，她们之间的友情将维持一辈子。当然这是不可能的，闺密之间的情谊肯定是在发展变化的，不然也就失去了友情的魅力。

女人之间的闺密情对女性的感情来说很重要，有很多的电视剧、电影专门描述了闺密情。在这些描写闺密的影视剧里，闺密的重要作用之一就是用来倾诉，特别是在有人受情伤的时候。最常见的情形是，女孩受了伤，打电话向闺密哭诉，闺密们任劳任怨、不知疲倦地陪朋友吃喝，帮朋友骂她的男朋友，甚至挖空心思为朋友重新介绍男朋友，或者带朋友出去散心，以治愈受过伤害的心灵。

由此可见，闺密对闺密的付出精神，简直可以说是竭尽所能，只为闺密好。但是闺密因男人而反目成仇的很多。这就是影视剧、文学作品里经常表现出来的“我被男朋友甩了，结果他的新女友是我的闺密，两个人同时背叛了我”，这种狗血剧情不停地在上演。在韩剧《个人趣向》里，孙艺珍饰演的家具设计师朴开仁的男朋友韩昌烈被一起住了十年的闺密金仁熙夺走，直到闺密和男友结婚，朴开仁仍然不知道。傻傻地走进了两人结婚的会场后，朴开仁十分震惊，质问两人，还被金仁熙嘲笑不是女人。最后虽然没有大闹一场，可是这场婚礼最终没有完成。

为什么男人经常找女朋友的闺密呢？最新的一项调查表明，63% 的男人对女朋友的闺密有过意动，35% 的男人会在心动后有一些挑逗行为，23% 的男人会玩暧昧，12% 主动向女友的闺密表白，其中表白的成功率为

10%。也就是说每 10 个姑娘，就有 1 个姑娘的男朋友会投入她的闺密的怀抱。闺密之间的相似度比较高，两人的性格、爱好、个性特征和生活方式可能有很多相似之处，有很多女孩子说，闺密就像自己的影子。所以，很多女孩在权衡男人和友情的时候，选择了男人。影视剧里也有很多这样的剧情。

现在流行起了男闺密，电视剧《我爱男闺密》和《我们结婚吧》里，都塑造了暖人心的男闺密形象。男闺密们随传随到，陪女性朋友吃饭、看电影、逛街，在她们恋爱的时候提供有用的建议，并且毫不吃醋。在她们没有男朋友的时候，主动充当临时男友，保驾护航。同时，这些男闺密还会做好吃的，能扛动重物，为女性朋友换灯泡，还会逗女性朋友开心。总之，优质的男闺密如神一般的存在，让女人感到十分温暖。

在成长的过程中，有的闺密因距离远而日渐疏远，有的闺密因价值观差异大而分道扬镳，有的闺密因性格变化而走到再也看不惯对方的地步。当然，有的闺密共同面对这个世界，成为彼此事业上、感情上最忠实的守护者、见证人。

最终，随着时间的推移，能够保留下来的闺密，绝对是双方的手中宝，甜而不腻，带给女性真正的深入人心的温暖。

女人为别人而说谎

关于女人说谎，有这样一个故事。

一天，一个女裁缝坐在河边缝衣服，一不小心，她的顶针掉进了河里，很快被水冲走了。她伤心地哭了起来，这时上帝出现了，问："我亲爱的孩子，你为什么哭？"女裁缝说自己的顶针掉进河里，而她需要这个顶针来帮助丈夫维持生活。于是，上帝答应她帮她找回顶针。没过一会儿，上帝从水中捞出了一个镶嵌着蓝宝石的金顶针。

"这是你的顶针吗？"上帝问，女裁缝则摇了摇头，说："不是。"上帝又重新捞了一次，捞出了一个镶嵌着红宝石的金顶针，再次问女裁缝，女裁缝仍然回答不是。于是，上帝第三次从河里捞了一个皮顶针，这次，女裁缝回答是。上帝看到女裁缝十分诚实，就把镶嵌着红、蓝宝石的顶针给了她，女裁缝拿着三个顶针高兴地回家了。

故事到这里还没结束，几年后，女裁缝和丈夫一起过河的时候，丈夫突然掉进河里消失了。女裁缝伤心地大声哭喊，这时，上帝再次出现了，问她："我亲爱的孩子，你为什么哭？"女裁缝告诉他，自己的丈夫掉进了河里。

上帝下到水中，捞出了一个和乔治·布鲁尼一样的男人，问女裁缝："这是你的丈夫吗？"

"是的。"女裁缝答道。上帝十分愤怒，指责她撒谎。女裁缝则回答："亲爱的上帝，请不要误会。如果我说乔治·布鲁尼不是我的丈夫，你一定会捞出布拉德·皮特。然后我又说不是，你才会捞出我的丈夫。但我现在身体不好，不能照顾三个丈夫，所以只能选第一个。"于是，上帝就不说话了。

这个故事的开头赞美了女裁缝的诚实，可后来这个女裁缝撒了谎，但却是一个高尚的理由。很多时候，女人说谎是为别人。

男人也好，女人也好，从小时候开始，就已经学会了说谎。这种说谎，有的是为了不被惩罚，有的是为情境所逼迫。

女人为别人而说谎，在爱情剧里常有体现，其中有很多善意的语言，可谓经典。男人听了之后，可以从相反的意思来考虑。比如，女人经常说的“我没事，我很好”，实际上是有事，想寻求安慰。女人心里喜欢某件衣服，但为了给男朋友或老公省钱，嘴上会说：“算了，不买了，我不喜欢。”女人为了不伤对方的自尊心，如果不喜欢某个人，会说：“你是个好人，只是我们性格不合适。”女人还经常表决心，如《非诚勿扰》上一个胖胖的女嘉宾说要为了佟大为老师减肥。很多男人听到女人为自己减肥，大概会很开心，但是女人心里知道，这多数是自欺欺人的谎言，真正下定决心减肥的可能性很小。

女人说谎也受到很多外部因素的影响，影视剧里经常有这样的桥段：有很多时候，女人被迫说谎，是为了保全自己，为了免受伤害，为了和谐，为了大家好。比如，很多女人如果遭受了伤害，或者有不为人知的过去，也是会对男友或者老公说谎的。

人们认为女人为别人而说谎虽然是善意的行为，但不应该肯定这一点。很多女人也是不愿意说谎的，如果真心话能够被接受，难道不是更好吗？说谎也可以看成一种无奈的行为。还有一些时候，男人认为女人的话总是变来变去，所以认为女人在说谎。实际上，女人根据情况的变化而变化，并不是在说谎。也有一些时候，男人误会女人为自己着想而撒谎，在影视剧里有时可以看到男人摇着女人的肩，喊“你撒谎，你撒谎……”其实，女人不过是说了真心话。

善意的谎言可以增添女性的魅力。如果女人太过一本正经，不懂得放松，也是不受欢迎的。在处理人际关系时，善意的谎言是人与人之间的润滑剂。很多时候，男人也喜欢女人说谎，至少女人愿意说谎骗他，说明骗他的女人心里有他。如果男人遇到一个不轻易吐露真心话的女人，对于这种捉摸不透的女人，男人往往会被对方所迷惑，有探究对方真心的强烈欲望。这是女人说谎的最高境界。

其实，与女人爱说谎相对的，就是男人喜欢发誓和承诺。誓言和诺言常常不能兑现，但不能说男人不是真心的。他们说的时候确实是真心的，想让女人开心。所以，也可以从这个角度去看待女人的谎言，大部分女人说的谎言是善意的，是为别人着想的。

女性时代的到来

对女性来说，现在是好的时代，虽然现在仍然是男权意识比较强的社会，很多电视剧里在上演婚姻大战，很多女人也以嫁个好男人为终极目标。而且数据表明，2010 年城市女性的就业率与 1990 年相比，从 77% 下降到了 61%。

但这一切只能说是前进中的曲折，女人的前途依然是光明的。现在女性受教育程度、工作机会、手中握有的资源比过去更多。特别是在互联网时代，女人与男人拼的是智力。女性受教育程度的提高可以从全国高考录取比例来看，有很多地区大学录取的学生性别中女多于男，女状元也越来越多。这种情况在全世界都得到了证明，连伊朗在允许女生上大学之后，很多大学里也是女孩多于男孩。

从工作上来看，女性获得了越来越多的工作机会。女人有了工作，就代表她没有太多的经济压力了，也就不用依靠男人而生存。“剩女”的壮大可以说明这一点。因为女人有了经济基础，对男人的质量要求水涨船高，拒不进步的男人就娶不到老婆了。长此以往，男权社会自然会衰落，女性的全盛时代也会慢慢到来。全世界的女权运动就是靠女人经济地位的提高才发展起来的。女人经济地位的提高，也帮助女人可以选择晚育甚至不育，这样女人就可以从照顾孩子的重担中解脱出来，根据自己的内心需求选择适合自己的生活方式。

很多时候，阻碍女性成就自己、争取权益的原因是过于重视爱情。在古代，流传下来很多女人写的关于爱情的闺怨诗词。在现代，爱情小说、偶像剧充斥在很多女性的生活中。所以，女人给人一种很深的印象，就是她们是没有爱就会死的情感动物。对现代的女人来说，爱情只是生活的一部分，一个女人一辈子可以谈多次恋爱。这个时代鼓励女性在大学里积极谈恋爱，除了享受恋爱带来的快乐，还可以积累经验，了解不同的男人，将来才能选出最适合自己的爱人。等到了一定年纪，才不会被爱情、被男人左右，甚至女人能够内心强大到不再依赖爱情。

除爱情外，这个世界还有很多有趣的、值得女人探索发现的东西，如享受知识的乐趣、运动的乐趣……当女人能够做到享受这些乐趣，才能最终从“第二性”的位置中解脱出来，过属于自己的独一无二的人生。

“女性”时代的到来是世界性的，特别是各国的电视剧、电影里塑造了很多新女性的形象。

在美剧《傲骨贤妻》里，女主角艾丽西亚·弗洛里克的遭遇绝对可以引起女人的共鸣。艾丽西亚的老公是州检察官，因为性丑闻和政治丑闻入狱。艾丽西亚家的生活陷入一团糟，艾丽西亚承担着很重的生活压力和教育两个孩子的压力，同时还有来自别人的异样眼光。艾丽西亚可谓从天堂坠入了地狱。这部剧就是讲身为女人，她如何成长为掌握自己命运，重新获得自由的人生。

艾丽西亚的人生可以说是女性时代中新女性的最佳典范。艾丽西亚在老朋友威尔的帮助下重新拾起婚前的职业，做一名律师，与年轻的律师竞争以获得一席之地。艾丽西亚没有像祥林嫂一般背负自己艰难的过去，同时也没有横冲直撞。艾丽西亚表现出了作为一个女人的内涵，她不仅有傲骨和贤惠，有的时候也会妥协，有的时候很聪慧，有的时候则十分狡黠。她在工作时全力以赴，观众能够看到她的智慧和策略，看到她的冷静与自制，看到她的软弱与害怕，看到她的压抑与隐忍。正是这些经历让她重新塑造了自己的人生，赢得了尊重，这种尊重不仅有来自亲人的，还有来自敌人的。

《傲骨贤妻》从2009年开播后，长盛不衰。2014年，扮演艾丽西亚的演员朱丽安娜·玛格里丝第二次获得艾美奖视后头衔。艾丽西亚这个角色的成功也说明了女性依靠自己努力的精神得到了社会的认可。

在女性时代，女性能够依靠自己的努力获得成功，但女性时代的真正到来还需要走很长的路。有很多人依然信奉“男人征服世界，女人靠征服男人来征服世界”。可是，如果没有真正地磨炼自身，即使征服了某个男人，也一样征服不了世界，依然不能真正和男人一样成为这个世界的主体。

不管一些落后的观念如何束缚女性，女性还是在不停地争取权力，女人的地位也会越来越高。越来越多的女性在职场上拥有更多的分量，逐渐打破了男人设立的性别壁垒，男人们也越来越尊重女性，不再轻视女人，而是更注重女人的能力。从世界上很多国家出现女性领导人就可以看出。比如，德国总理默克尔可以说是欧洲最有权力的女人，很多男性领导人都等着她来“拯救”自己的国家呢。

对女性来说，抛弃落后的传统观念，努力争取自己的权力，那么女性时代的到来也就不远了。

Chapter 3
爱情经过的时候

怦然心动的时刻

每个人都可能有过对某个异性怦然心动的时刻，这个异性可能是第一次见面的陌生人，也可能是相处很久、日久生情的对象。

人们喜欢记住这样的时刻：某个黄昏的傍晚，你在街上走，一个年轻清秀的男孩或女孩骑车过来，你远远地看到他 / 她，瞬间感到心跳加快，而他 / 她也看到了你，四目相对，眉目含情。这大概就是所谓的一见钟情。日后你会花无数的时间来分析这个时刻，记住这个时刻。

著名作家三毛早年留学欧洲，1969 年，26 岁的三毛在西柏林苦学德语。身在异国他乡，三毛承担着学业和生活的双重压力。在一个冬天的早上，三毛逃课跑去了柏林墙，申请进入东德，但是被拒绝了。

不过，在关卡她遇到了一个英俊帅气的东德青年军官。“有一双感人而燃烧的眼睛”，日后三毛这样回忆他。当时的三毛对这位军官一见钟情，这位军官也喜欢上了这位来自东方的妙龄女子。军官给三毛发了临时过境文件，并陪着她排队。两人几乎没有说话，却感到了彼此的默契，对三毛来说，那是她怦然心动的重要时刻。

后来，这位军官送三毛到车站坐车返回西柏林，但三毛没有上车，军官也不愿意离去。两人就这么互相看着，在寒冷的天气里一动不动地站着，甚至冻得发抖。军官的眼睛深邃得犹如一口井，将三毛的心吸了进去。“那双眼睛里面，是一种不能解不能说不知前生是什么关系的谜和痛。”

当两人不得不分开的时候，三毛拽着他的袖子，希望他跟着她走，可是军官不能离开他的父母。三毛为了这一瞬间的爱情想要留下，但在最后一刻被军官推上了车。三毛回到西柏林之后，发起了高烧，在疼痛中，她在心里无数次回忆起了与军官相处的短暂瞬间。

一见钟情一直为人们所津津乐道，在那一刻，天地不再，什么都不重要了，只有两人四目相对，被爱情的网捕获，从此陷入“万劫不复”的感情深渊里。有的时候，爱情只是经过，怦然心动后再没有以后，就如三毛和那个不知名字的军官。

怦然心动是一种非常美妙的时刻。除一见钟情外，对大多数普通人来说，日久生情的也有很多。在逐渐的相处过程中，男女产生化学反应，某个时刻怦然心动，然后意识到对对方产生了爱情。也有对对方第一印象不好的，却在某个特定的时刻，突然看到了对方的另一面，怦然心动。

韩国电影《情侣们》讲的就是这种偶然性的怦然心动，最后成就了剧中的三对情侣。电影男主角俞硕是一个具有悲剧性色彩的男人，被女友娜丽单方面分手。娜丽是一个拜金女郎，一直想嫁有钱人。娜丽遇到了一个西装革履的黑社会大哥秉灿，两人在餐厅约会。俞硕拜托他的一个朋友跟踪娜丽。此时，娜丽后面的一张桌子上坐着一对年轻的朋友，两人友情深厚，男孩将女孩当成自己的妹妹，而女孩喜欢男孩，向男孩表白，男孩本来不同意。后来，男孩吃草莓噎到，紧急时刻，女孩从男孩背后用劲儿拍打，草莓飞出，男孩获救。就在这个时刻，娜丽要走，俞硕的朋友起身跟踪，碰到了一个年轻女人，导致这个年轻女人踩到草莓滑倒，扯下了自己的裙子。年轻女人害羞地蹲下捂住脸，而女人背后跟着与她相亲的男人本来对她不甚满意，却在这个瞬间对她产生爱意。而那个被噎到的男孩，后来回忆自己噎到的瞬间看到了天使，以为是天使的意思，所以就与本来当妹妹的女孩成为恋人。

在年轻女人滑倒的时候，所有的人都朝她看，旁边桌子上一个男孩的球从桌子上滑下，滑到了餐馆外的街道上，这里是一个十字路口，恰好俞硕开车经过。俞硕紧急刹车，右边的出租车和紧跟其后的公交车也紧急停下。公交车里本来有一前一后不认识的一男一女，在公交车惯性的作用下，站在后面的女人向前扑倒，结果抓住了前面男人的领带，导致男人窒息。女人将男人紧急送往医院，结果也成就了两人的姻缘。

有很多时候，男女之间的爱情取决于很多不可控的因素，在这些因素的促进下，不认识的或本来没打算成为情侣的朋友们也在某个时刻对站在眼前的异性怦然心动。这就是爱情的美妙之处。

爱情的真相是费洛蒙和荷尔蒙

爱情的开始是费洛蒙散发的吸引力，爱情的持续是荷尔蒙的持续分泌。首先，我们必须知道什么是费洛蒙和荷尔蒙。

徐克导演的喜剧电影《女人不坏》就是围绕费洛蒙来讲述三个女人的爱情故事。体检中心工作的欧泛泛戴深度眼镜，不善言辞，没有男人喜欢。为了能够交上男朋友，她做了很多关于费洛蒙的实验，终于成功地利用费洛蒙吸引到了男人。而另一个女人，大广场投资公司的唐总唐露身边一直围绕着很多男人，她一直不相信自己能够爱上男人，直到遇到了巫教授。巫教授身上散发的费洛蒙吸引住了她。另一个野蛮女铁菱一直生活在对一个男人的幻想里，费洛蒙贴让这个男人爱上了她，当她发现男人喜欢自己是因为身上的费洛蒙贴，便放弃了幻想，终于看到了身边那个一直在默默等候她的男人。

影片从头到尾，围绕着费洛蒙，让人对真实的爱情产生了困惑，我们到底是爱上这个人，还是因为费洛蒙而爱上了这个人。是不是所有爱情的真相都是费洛蒙的吸引力，只要像欧泛泛一样有了费洛蒙贴，就能够吸引到无数的男人？如果真相被对方知道的话，爱情会不会破裂呢？这种费洛蒙贴是不可靠的，因为每个人身上都拥有属于自己的真正的费洛蒙。平凡人的爱情首先就是这种吸引。可以说，这揭露了当代年轻人爱情的秘密——爱只是一种化学反应。只要两个人的费洛蒙让彼此产生好感，爱情就会产生。

费洛蒙主要分泌在人体的腋下腺、汗腺。除了属于自己的独特的费洛蒙，现代人普遍使用香水，这也是费洛蒙的一种代替。男女之间可能因为香水与身体的气味相符合而喜欢上对方。

电影《香水》根据小说改编，讲述的是男主人公格雷诺耶拥有超常嗅觉，杀死少女，制造香水的过程。格雷诺耶是一个身上没有任何味道的人，但他能够分清各种细微的香味。巴黎就是各种味道的乐园，偶然一个机会，格雷诺耶闻到了一个红发少女身上纯美的少女体香，他杀死了少女，将少女的味道深深地嵌入心中。随后，格雷诺耶明白了自己的使命。他在香水店学会了制造香水的过程，随后在荒山洞穴中生活了七年。七年后，格雷诺耶回到人群里，杀死了25个少女，将她们的头发割下，脱去她们的衣服，将油脂抹在女人的身上然后刮去，最终制造出能够征服人心并操纵人们行为的香水。最后，格雷诺耶被抓住并押赴刑场行刑，广场上挤满了人，他只洒取了几滴香水，就令广场上的人失去理智，偌大的广场变成了人群的狂欢。这种由少女体香提取的香水所向披靡。人们纷纷惊呼他是天使，他是无罪的。

虽然格雷诺耶拥有奇迹般的魔力，但是他无法像常人一样爱人和被人爱，只能依靠香水。他的身上没有味道，也就是说他的身上没有能够吸引人的费洛蒙。现实生活中，人人都拥有体味，所以人人可以拥有属于自己的爱情。

我们被费洛蒙吸引，但如果我们想要爱情持续下去，仅有费洛蒙是不够的。我们还需要有荷尔蒙的持续分泌，特别是性荷尔蒙的分泌。

在韩剧《我叫金三顺》里，关于男人和女人爱情的有效期问题，男主角振轩对金三顺说过：男女第一次渴望着对方的时候，性荷尔蒙分泌，使这种渴望持续下去；到了陷入爱情的阶段，就会分泌多巴胺和血清胺，血清胺是爱情中重要的物质，能让人一时处于近疯狂的状态；到了下一阶段，男女会持续双方的关系并希望得到更密切的结合，就会发展到性爱或者是结婚。

多巴胺和血清胺等激素在两个人的热恋中一直维持着高浓度，让人陷入无法自拔的状态，看不到对方的缺点。这些激素大多在两年之后会消退，最多也就持续三四年。

爱情中，有人变心也许只是因为这个人忠于自己身上的化学反应。很多恋人在前两年爱得如胶似漆，后来爱情就消失了。

陪伴是最长情的告白

在这个时代，“弱水三千，只取一瓢”已经成为奢望。很多人一辈子可能谈过多次恋爱，相识、恋爱、分手，再相识、再恋爱、再分手，又相识、又恋爱、又分手……只要你愿意，就能在互联网的交友软件上认识无数的人。在过去，人们终其一生，可能只认识周围的几百人。长相稍微好看的人就是稀有动物。而现在，人们可以从互联网上看到成千上万的美女帅哥。外界的选择和诱惑太多，让人的情感变得麻木和冷漠。随随便便的遇见、唾手可得的恋爱稀释了爱情的浓度。而人的寿命越来越长，一想到要和一个固定的人结婚，过一辈子，恐怕很多人感到的不是幸福，而是恐惧。

据说，现在城市的离婚率已经接近40%，离婚的主力军主要是“80后”。对现在的年轻人来说，不能用时间来检验他们的爱情。虽然现在的爱情是这样“易得”，反过来说，我们也生活在一个对爱情来说最好的年代。因为只要你愿意，你就能够与任何人在一起而没有太大的社会阻力，可以用一辈子的陪伴来证明你的爱情。对过去经历过战争、天灾人祸的人来说，陪伴是一件多么奢侈的事。但正是因为外力的阻挠，这种陪伴才显得格外可贵。

在英国一个叫考文垂的小城，生活着一位老先生克利福德和他的太太马乔。两人于1938年结婚，至2014年两人去世，携手走过了76年的光阴。与大部分普通人一样，两人相爱、结婚。“二战”到来时，克利福德上了战场，被派往新加坡。1942年，新加坡沦陷，克利福德和他的战友沦为日本的俘虏，被押解到缅甸，修筑缅泰铁路。这条铁路沾满了俘虏的鲜血，克利福德所在的师团一共有七百多人，只有四个人活下来，其中就有克利福德。在战争期间，马乔一直给丈夫写信，即使她写的信一直被退回来，她也坚持相信丈夫还活着，坚定地等待丈夫回家。战争结束后，克利福德回到家乡。马乔热烈地欢迎丈夫回家，随后不久两人搬到考文垂居住。

在接下来的六十多年时间里，两人一直生活在一起，从未分开过。克利福德很少向妻子说起战争，但是在深夜，克利福德经常做噩梦，在他惊醒的时候，陪伴在旁边安慰他的只有妻子马乔。克利福德从来不发脾气，两人关系很好，经常一起手挽手散步。克利福德的女儿认为正是因为母亲对父亲的坚持，才是父亲最终活下来的重要原因。

2009年，96岁高龄的克利福德得了一系列严重的疾病，必须去专门照顾老人的福利院生活。但是克利福德对女儿说没有马乔的地方他绝对不去，克利福德的女儿和医生只好在福利院找了一间房，让两位老人住在一起。

最后，克利福德虚弱到不能陪马乔散步，只能躺在床上，马乔一直守在丈夫的身边，直到丈夫去世。克利福德去世后，马乔对女儿说，没有丈夫，她活不下去。在克利福德去世14个小时后，马乔也在睡梦中辞世。

这对英国老夫妻共同经历了战争、等待、思念、病痛的折磨，一直没有分开，用彼此的陪伴做了最长情的告白，令人感动不已。

算起来，这两位英国老人还是很幸运的，两人只在“二战”时期分开过几年。电影《归来》里的陆焉识和冯婉瑜则因为政治原因分别了20年。

20年后，丈夫陆焉识回家，而妻子冯婉瑜患上了心因性失忆，相逢不相识。妻子拒绝丈夫住在家里，还总是将他错认为不同的人。陆焉识只好住在一间小屋子里，隔着窗户遥望妻子一个人的生活。

陆焉识为了让妻子认得自己，做了很多努力。他拿过去的老照片给妻子看，为妻子读自己给她写的信，弹钢琴给妻子听……但是妻子一直没有恢复过来。妻子一直以为丈夫没有回来，每个月5号都到火车站举个“陆焉识”的牌子，不管晴天阴天。影片的最后，是两人的头发都白了，陆焉识准备了一个小推车，在下着茫茫大雪的天气里，骑着车带妻子去火车站接自己。

陆焉识和冯婉瑜夫妻的生活被时代裹挟，即使分隔了20年，岁月依然不能磨灭两人的爱情。最后，两人终于能够相见，妻子却再也认不出丈夫，这无疑是对丈夫的最大打击。而丈夫陆焉识唯一能做的就是一直陪伴在妻子身边，这种漫长的陪伴是世界上最令人动容的告白。

不管时代如何变化，总是会有相爱的夫妻一直陪伴彼此到老，这是令人感到非常温暖的事。

无法坦诚相对

公主爱上了一个与她身份不匹配的男人，国王十分生气，想要拆散两人，但公主坚持与这个男人在一起。于是，国王对女儿说，两人要将手铐在一起一年，在这一年的时间里一刻也不要分开。一年之后，如果两人还想要在一起，他就允许他们结婚。公主和她爱的男人答应了。结果无论是吃饭还是如厕，一个人都必须陪伴另一个人，两人做的所有事情全部暴露在对方面前，毫无隐私可言。不到一年的时间，两人就已经厌倦到再也不想理对方，再也不要看对方一眼。一年之期到了，国王将两人的手铐打开，公主和男人彼此毫不留恋地分开了。

国王的手段真是高明，他没有去阻止两人，而是促进两人更加了解，完全向对方坦诚，结果这种方法加快了爱情的结束。

爱情也是无法完全坦诚相对的。但是，有些大问题必须坦诚相对，否则就是两人恋爱的定时炸弹，不仅炸伤别人，也会伤到自己。比如，男方是在逃的杀人犯，谈恋爱结了婚，生了小孩，有一天，警察把男人带走，留下老婆孩子；比如，女方有精神病史，谈恋爱结了婚，有一天女方又发病，而且两人已经生了孩子；比如，同性恋为了给家人一个交代，与人谈恋爱结了婚，结果两人婚后过得一点儿也不幸福。当然这些都是比较极端的例子，很容易在现实生活中酿成无法挽回的悲剧。

还有一些比较重要的问题，虽然不会酿成严重的人生悲剧，但也会对生活产生影响。比如，一方有自己的原则和底线，另外一方了解之后刻意隐瞒自己的情况。即使不是什么大问题，也为日后的生活埋下了隐患。比如，女方整容这件事说大不大，说小不小，关键是男人是怎么看待这件事情的。如果一个男人想找一个天然美女，为了日后能够生出漂亮的宝宝，那么这时候女人就要坦白了，即使坦白之后可能分开。也有人对整容是不在乎的，完全不介意对方是“人造的”还是“天然的”。

有一些事情坦诚了，也是释放了自己，因为你总会找到适合你的另一半。在男女关系中，有人十分重视对方的过去，如有些人很在乎对方的情史。这就导致很多两难的境地，如果说了，对方可能会离自己而去；如果不说，对方可能会一直揪住不放。那么，女人如果遇到这种类型的男人，最好的选择就是离开他，因为谈恋爱并不是向对方交代自己的人生。每个人都有自己不想说的事，不愉快甚至是不堪的回忆。相比于过去单纯的年代，现在的男女经历得更多，不想坦诚的事情也有很多。

如果你很重视这份爱情，那么可以有选择地、循序渐进地向对方坦诚。坦诚的意思并不是要将你所有的行为和习惯暴露给对方，而是在交往的过程中，让对方慢慢了解你，不仅是优点，还有缺点。我们无法完全与他人坦诚相对，因为有时候我们连对自己坦诚都做不到，何况是对爱人呢？如果真的相爱，只要真诚和适当地坦诚理解就好。

有人说，无法坦诚的一方其实才是真正在乎的一方。其实也可以这样理解，无法坦诚是因为害怕对方离开，所以人才会有隐瞒。电视剧里经常上演这些隐瞒和欺骗的剧情，以爱的名义。但是对普通人来说，无法坦诚往往是因为有很多事情没有必要坦诚。

在快速发展的时代，人们步履匆匆，男女之间相互倾诉和理解已经是一件奢侈的事。日剧《无法坦诚相对》讲的就是都市里的五个男女通过网络组成了一个坦诚会，每个人都希望向别人倾诉自己真实的声音。在谎言和现实的碰撞中，人们剥去虚伪的外衣，做真实的自己，最终得到理解。

但在爱情中，永远无法做到真正的坦诚相对。过度的坦诚是一种伤害，适度的坦诚则会促进两人的关系。爱情绝不简单，坦诚是需要技巧和时间的。

有一个名词叫愣头青，一般指某人做事不经脑子，盲目采取行动，而从来不对事情的性质和后果做判断，经常指人年轻气盛，很容易在冲动之下做出无法挽回的事情。在爱情中，愣头青常指年轻的男孩还没有形成自己的价值观，对感情的理解也十分模糊，并且无法判断对女孩的感情是爱还是友情。

在爱情中反应迟钝的一般是男人。年轻的男孩初生牛犊不怕虎，容易成为爱情和职场上的炮灰。

愣头青比较耿直，认定的事情一定要完成，所以在爱情中也能坚持，即使做了很多错事。

韩国电影《我的初恋女友》中车太贤饰演的男主角太一就是一个愣头青，一直爱着青梅竹马的女孩日美。随着两个人长大，日美变得越来越漂亮，而太一则变成街上的小混混。所以，太一对日美的爱慕遭到了日美父亲，同时也是太一老师的拒绝。影片的开头是一群男女中学生骑自行车从桥上经过，太一在桥下当着众人的面向日美表白。除了表白，太一还质问日美的父亲，当他还是小男孩的时候，日美的父亲答应只要他长大就将日美许配给他。而现在都过去了很多年，他当着几百人指责日美父亲失信。

太一接着做了很多傻事，他找日美父亲打架，结果在寒冷的冬天不计后果地拖着老师一起跳到河里，被老师救了出来。看到太一这么执着，日美的父亲告诉他一天只能睡三个小时，三天后鼻子会开始出血，如果他能每天鼻子出血直到毕业，日美就是他的。太一照做，每天好好学习，卧室都被出血的纸巾堆满了，最后被大学提前录取。

然后，老师说太一必须通过法律考试，才能将日美许配给他。两人在大学里的时候，即使是日美主动找太一，太一也坚守与老师的承诺，拒绝了日美，还对日美说是因为她雌性激素过多。日美有一次在游泳池主动献吻，太一依然能够坚守住，惹得日美大喊要与他绝交。这些情节如果女人看了，大概会夸太一是好男人；如果是男人看了，肯定怪太一太傻，简直是一个愣头青。

最后，太一通过了考试，老师终于不再考验他，承认了他这个女婿，但是这个时候日美提出要和另外一个人结婚。太一争取到了日美父亲的同意，又开始重新挽回日美的心。

在影片中，车太贤形象搞笑，表情和动作略显夸张。但是他始终如一，坚守承诺，不放弃，为女友愿做任何事，如带饭盒、洗衣服，可以说是绝世好男人。但他又是一个不知变通的愣头青，他大闹会场，要日美与他一起回釜山。太一开始采取一切手段挽回日美的心，跟踪日美，挑战日美的男朋友，结果被打得鼻青脸肿。

太一也考虑过放弃，但是他一直坚持。在日美的婚礼现场，他的执着感动了所有人，太一的爱终于获得了回报。

这部片在搞笑之外，也带给人们很多感动，但是在现实生活中，过于执着的爱是一种负担和束缚。除了勇往直前的愣头青，懵懂无知的爱情愣头青也有很多。在日本晨间剧《花子与安妮》中，花子一直不知道青梅竹马的朝市喜欢自己，她一心扑在教学上。后来，她也不知道送给她字典的村冈先生什么时候进入了她的心中，不知道村冈先生已经结婚，结果冒冒失失地表白了。

爱情中，愣头青确实不招人喜欢，但是愣头青也有他的好处，就是勇往直前，不怕犯错。如果遇到这样的男朋友或女朋友，多加引导也很不错。

不了解≠不够爱

有很多人说，不够爱是因为不够了解对方。只有充分地了解了之后，才能决定有多爱。其实，很多爱情是没有理由的，爱就爱了。也许了解得越多，爱消失得越快。

了解和爱有什么关系呢？就像父母爱孩子，孩子越大，父母可能对孩子的想法了解得越少，但大多数父母对孩子的爱是永恒不变的。在男女关系中，了解得越多可能越失望，爱上的可能性越低。爱得深的时候，眼睛有自动过滤的功能，只看到对方的优点，完全忽略了对方的缺点。也许可以这样说，当对方呈现完美的一面，不够了解、遮着面纱的时候，才是最爱的时候。

就像小说和影视剧里常常出现的故事，富家女爱上了穷小子，两人私奔。私奔的富家女对没有钱的生活完全不了解，正是因为她不了解，而她看到的又都是穷小子好的一面，她才能鼓足勇气离开家门。等她足够了解，与穷小子过了两年，感情被生活消磨殆尽，她便会乖乖地回家，隐藏这段历史，听从父母的安排，如果父母还能接受她的话。像电影《泰坦尼克号》里的杰克和罗丝，两人生活环境差别很大，在船上相遇、相爱，假如泰坦尼克号没有沉，下了船，罗丝跟着杰克走了，几年之后，罗丝会不会离开杰克呢？但泰坦尼克号沉船了，两人掉落海中，杰克找到一块木板，这块木板只能承担一个人的重量，杰克将这唯一的生存机会给了罗丝，并鼓励她活下去。正是因为沉船，两人不够了解彼此，两人的爱情才成了永恒。

还有很多旅途中的爱情，不知对方来自哪里，去向何方，就爱上了。爱有时只是经过，正是因为短暂，没有足够的时间了解，在男人和女人眼中才显得愈加珍贵。有时候，女人会爱上浪子，很多女人认为自己会是浪子的最后一个女人。这正是因为对浪子不了解，还有就是女人总是以为自己有这样的魅力，结果了解了之后只能抽身而退。

这个世界上似乎有很多无缘无故的爱。

在韩国电影《吻我，杀我》里，主角冷血杀手就无缘无故地爱上了一个为情自杀的女人。女人在地铁进站时，跳下地铁，结果是另一侧的地铁进站，没死成。最后，失恋的女人借了高利贷，雇用杀手杀死自己，冷血杀手的上司告诉他目标是个男人，结果到了失恋女人家，杀手发现是个女人，然后就莫名其妙地爱上了她。

在影片中，这个失恋女人没有工作，没有家人，没有朋友，几乎没有任何社交，除了甩掉她的前男友。就是这样一个处于崩溃状态、魂不守舍的女人也有人爱，当然这是电影。电影里两人多次相遇，很多看似偶然的因素将两人置于同一个情景中，推动了剧情的发展。最重要的是，不管怎么看，这都是一场无缘无故的爱情。

看似莫名其妙的爱情，也是有原因的，杀手本身出生在不正常的家庭，母亲酗酒，没有父亲。也许，杀手在女人身上嗅到熟悉的味道，他们同病相怜。看似不了解地爱上对方，实际上对方可能就是自己的投影。

在爱情中，正是因为不了解，才有可能被对方吸引，如内向者和外向者的爱情。两人都被对方身上有而自己身上没有的特质所吸引。如果是两个有相同倾向的人恋爱，可能会增加彼此的压力，正是因为过于了解，在对方的身上看到了自己。而对于相反倾向的两个人来说，是一种互补的关系，他们能够给对方带来不一样的人生，满足彼此的感情需求。

情关始终闯不过

不管是在电视剧、电影还是小说里，爱情都是永恒的主题，男人和女人永远为情所困。影视剧和小说里描述的女人往往将爱情看得太重，所以塑造了女人在爱情中的弱者形象。幸亏时代进步多了，进步到很多女人没有爱情也能正常地活下去。爱情对有些人来说实在是太耗费能量的事情，如果看开点还好，看不开，为情自杀的极端事例也有不少，如人们现在还在怀念的香港演员翁美玲。

翁美玲凭借1983年版《射雕英雄传》里的黄蓉一角而出名，她饰演的黄蓉冰雪聪明、俏皮任性，得到人们的普遍喜爱。翁美玲的演艺事业一帆风顺，但在1985年，她却开煤气自杀身亡，年仅26岁。为什么翁美玲会自杀呢？原因是为情所困。当时的翁美玲与男友争吵得十分厉害，她提出分手之后，一时想不开，自杀而死。在当演员之前，翁美玲有过一段恋情，她的初恋男友是一位荷兰少年，两人的恋情受到翁美玲母亲的百般阻挠。这位初恋男友后来称，翁美玲受到很大的压力，在她18岁和19岁的时候，两次服药自杀，被送往医院，这逼得翁美玲的母亲不得不同意两人恋爱。这段恋情持续了5年，两人也一度订婚，但最后还是以分手收场。

20多年之后，翁美玲的初恋男友回忆当初的她，说出了褪去大明星光环后的翁美玲。翁美玲是一个孤独的人，她像黄蓉一样可爱、聪明，她演的黄蓉就是她自己。但她性格比较倔强，甚至还有极端的一面。在受到感情挫折的时候，翁美玲选择了一种极端的方式，用自杀来惩罚对方和自己。

对爱情看得过于重要的女人，很可能会为情所困，甚至为情而死。对于作家三毛的自杀有很多推断，其中一种是说三毛因过度思念逝去的丈夫荷西，为情自杀。三毛生前写过很多和丈夫荷西恩爱的文字，在丈夫死后，三毛又写了很多思念的文字，曾一度沉溺于思念中，无法自拔。三毛是一个至情至性的女人，偏偏情路坎坷，遇到一个真正爱她的男人，可惜时光短暂。

情路坎坷的女人很多，前几年闹得轰轰烈烈的新闻中，有一个女人从高楼上跳下，只因她的丈夫背叛了她。过于重视爱情的女人，在现代这个对待感情理性、克制的时代，实在是过于极端。

在电影《盲探》中，有一个让人印象深刻的角色——小敏。小敏的妈妈和外婆，还有小敏，一家三代女人全部为情所困，全身心投入爱情，最后却遭到男人的背叛和抛弃。小敏的妈妈因爱生恨杀死了自己的丈夫，小敏的外婆一直为爱痴缠，她有一句很经典的话：你若负我，我必让你鸡犬不宁。小敏在少女时期喜欢的男孩抛弃了她移民，于是小敏就带了很多的食物和饮料躲在男孩家的柜子里，跟随男孩一家人到了巴西。聪明的小敏并没有立刻纠缠男孩，而是悄悄离开。她长大之后刻意接近男孩，两人最终结婚，最后回到澳门生活。然而，成为小敏丈夫的男孩十分花心，小敏发现之后，对丈夫说了外婆曾经说过的话：你若负我，我必让你鸡犬不宁。最终，怀着身孕的小敏像她妈妈一样杀死了自己的丈夫，也杀死了丈夫的情人。

在爱情上过于执着、一直闯不过这道关的女人容易做出鱼死网破的事情。当然，像小敏这种极端性格的人在生活中还是少数，固执的基因，还有家庭中的耳濡目染可能是小敏闯不过情关的原因。

闯不过情关的男女对于爱情是盲目的。与古代相比，现代痴情女人明显要少。古代女子养在深闺，一辈子见不了几个男人。于是，卓文君轻易被司马相如的《凤求凰》打动，当晚就决定与他私奔。卓文君还是大户人家的小姐，如果是在现代，什么样的男人都见过。两人在一起之后，关系逐渐得到卓文君父亲的承认。后来司马相如逐渐显达，对卓文君的爱情日渐淡薄，卓文君写下《诀别书》，其中有“朱弦断，明镜缺，朝露晞，芳时歇，白头吟，伤离别，努力加餐勿念妾，锦水汤汤，与君长诀！”的字句。即使卓文君已经决定与司马相如恩断义绝，但她还是写下“努力加餐勿念妾”这种关心的话来。

放在现代，男人变心，及时止损，天涯何处无男人。对闯不过情关的人来说，爱情耗费心神，随着岁月流逝，爱情必然逐渐消失，执着于此，让人苍老。困在爱情里的人实际上也是困住了自己，看不到别人。除去爱情，看到更广阔的世界、享受生活的乐趣比仅仅沉浸于爱情要快乐得多。

铁汉的痴心柔情

现在荧幕上的硬汉形象越来越少了，老去的经典形象有史泰龙、施瓦辛格、《007》系列里的邦德，这些都是拯救世界的英雄。对英雄来说，拯救世界才是第一位的，爱情只是点缀。在外国电影里，这些英雄和他们的爱人大多数是露水情缘，即使女人爱上英雄，英雄走了之后她们还可以有其他男人。

现代的英雄多面临事业和爱情的双重选择。一些男人选择了事业，一时的柔情蜜意又怎敌得过时间，现代的女人也大多会离开这种男人，即使他是人人佩服的硬汉。

在国产赞美英雄的电影《硬汉》里，男主角老三和他的女朋友小草的故事构成了全片主要的感情线。老三面临事业和爱情的两难选择，小草放弃了老三，选择了开宝马的男人。电影对小草的着墨不多，但她也代表了社会上的一些女人在面临选择爱情还是选择安定的平凡生活时的决定。小草为什么不喜欢老三，电影里没有多少展示，她肯定也有很多不为人知的内心戏。但在剧中，她没有发言权，就像大多数女性形象一样，她有虚荣心，耐不住寂寞，也不能等待男人给她安定的生活。老三对小草的感情一时无法舍弃，直到结尾，老三将小草送给他的水壶扔进了垃圾箱，才给这段感情画上句号，老三才能忘记过去，重新做一个硬汉。

如果在古代，女人是没有选择的，她可能已经被父母嫁给了像老三这样的男人。男人出门建功立业，两人分离，与其说女人痴情，不如说这是一种无奈。在现代社会，即使男人有痴心柔情，女人也可以不接受，如《阿甘正传》里的阿甘和珍妮。

阿甘和珍妮不仅是青梅竹马，珍妮还是阿甘小时候唯一的朋友，可见阿甘对珍妮感情之深。长大之后，阿甘和珍妮都离开了家乡，两人的生活失去了交集，但是阿甘对珍妮的感情一直没有改变，为她做了很多事情，并一直等待着她的归来。在这部以阿甘的成长为主的电影里，虽然着墨不多，但导演也交代了珍妮的前世今生，包括她小时候的事情，她长大之后的选择等。即使两人可以在一起过温暖、安定的生活，珍妮还是离开了。珍妮生了一个孩子，孩子是阿甘的，但是她选择一个人抚养孩子，直到她知道自己生病快要去世的时候，才写信给阿甘，两人最终举行婚礼。这是一个漫长的过程，阿甘对珍妮的爱情始终如一。在影片里，我们也能看到珍妮不在阿甘身边时做的很多寻找自我的“荒唐”

事情，电影的背景是美国“垮掉的一代”。对千疮百孔的珍妮，阿甘痴心不改，数十年如一日地爱她，直到她去世。

阿甘的等待才配得上痴心柔情，短暂的动情只是露水，等太阳升起来，柔情就消失了。女人很容易被硬汉的感情打动，是因为女人有英雄主义情结。有的女人喜欢强硬的男人，喜欢小鸟依人的感觉，与这样的男人在一起有安全感。但现在的硬汉越来越少了，硬汉的爱情显得格外珍贵。

找妈找爸的男女

很多男子在他们所认识的女性中寻找与他们母亲相似的女性，而很多年轻的女人也一辈子在寻找类似父亲的男人。所以，如果有与他们父母类似的形象出现的话，他们很容易爱上对方。

为什么男人和女人会有找妈和找爸的心理呢？对男人来说，母亲是他生命中的第一位女人，她是男人潜意识中寻找女朋友的模型。很多家庭中，母亲与儿子的联结十分紧密和强烈，母亲对儿子要远比对丈夫好，儿子长大之后也对母亲怀着深深的依恋，觉得世界上的任何女人都比不上自己的母亲。另外，在集体社会里，个人的心理发展水平较低，需要有人陪伴，所以大多数人追求与他人共生，亲人的看法对他来说十分重要。对很多男人来说，母亲是十分重要的，从小到大，什么都是母亲来为他操持，做饭、洗衣服、选专业、选工作……

现在的“80后”“90后”男性在计划生育的政策下出生，一个个都是家中独一无二的孩子，当这群被母亲宠溺的男人长大之后，会寻求类似母亲的依靠，挑选一位像妈妈一样照顾自己的女朋友。在妈妈型女人的带领下，他们才能更好地工作和生活。

对女人来说，父亲也是她生命中的第一位男人，常常是女人潜意识中寻找男朋友的模型。虽然在很多家庭中，父亲和女儿的联结并不紧密，他们更多的是血缘上而不是生活上的联结。但父亲为女儿做了表率，女性价值观、人生观的形成与父亲有着很大的关系，父亲是引导者。特别是今天的女性，经济独立，对自己充满自信，敢于选择适合自己的生活，可能因为这个原因，很多女人喜欢找像父亲一样成熟的男性。

此外，女性更喜欢和习惯被照顾、被爱，特别是在爱情中，她也认为对方应该像父亲一样照顾自己，关爱自己。

找妈和找爸的男女实际上是一种心理，他们根本不会去爱，只是去索取爱。

没有女人会喜欢自己像妈妈一样照顾男朋友，这种心理上还没断奶的男人被称为“巨婴”，如果和“巨婴”男人生活在一起，日常生活将会变得很可怕。

比如，美剧《生活大爆炸》里的谢尔顿有很高的智商，但情商很低，他要求所有人的生活都围着他转，经常把朋友气得跳脚。幸运的是，他对爱情不开窍。当然，剧中也给他配了一个女朋友——艾米，艾米同样有高智商，不过情商比谢尔顿高多了。她喜欢谢尔顿，愿意照顾这个“巨婴”。在剧中，谢尔顿的行为和语言给大家带来了很多的快乐，但在现实生活中，恐怕没有人愿意与这样的人生活在一起。

而对于找爸的女孩，她们往往看起来年轻可爱会撒娇，总是有办法从男人那里获得关爱和照顾。有的女孩习惯通过别人的照顾而不是努力获取自己想要的东西，如亦舒小说《喜宝》里的女主角姜喜宝。这是一本在亦舒作品里很受欢迎的小说，其中有一句话“我要很多很多的爱，如果没有很多很多的爱，我要很多很多的钱，如果两样都没有，我要健康”。这句话流传很广，说出了女人的心声。

女孩喜欢被爱，要找个强大的如爸爸一样的男人，实际上这是不敢爱，没有爱人的能力。找爸的女人对情感过度依赖，而不具备成熟的心智和能力。

不管怎样，男人和女人的这种心情都是可以理解的，我们已经习惯了父亲像大树一样遮蔽风雨，母亲像港湾一样温柔地包容我们。但是，这种不负责任地将自己当成孩子的行为不会让男女真正获得爱情，爱情是每个成熟个体的事情，而不是带上自己的爸爸妈妈谈恋爱。这也可以解释为什么有那么多的婆媳关系问题，有那么多的女人对男人不满意，也有那么多男人不耐烦照顾“小女孩”。

现实中，很多男人总是在寻找妈妈型的女人，而很多女人又在寻找照顾型的男人，怪不得有那么多的男男女女没有找到另一半呢！如果改变思想，在找爸和找妈的时候，也把对方当成自己的女儿和儿子一样宠爱，也许就皆大欢喜了。

爱情里的苦行僧

爱情并不仅仅是两相情愿，还有暗恋、单恋，甚至不能见光的爱情。

这些非寻常形式的爱情让男人和女人学会忍耐，成为爱情中的苦行僧，他们相信，只要忍耐就能修成正果。

很多爱情是从暗恋开始，多发生在少男少女时期。可能从来没有和对方说过话，更不敢向对方表白，所以更多的时候是自己一个人默默地喜欢，怀着这份心情辗转反侧。有些人可能和自己的好朋友说，想被鼓励、被安慰，但是因为害怕被拒绝，害怕被老师、父母发现，所以只能一个人默默忍耐相思的煎熬，这就是苦行僧生活的开始。当然少年时的爱情苦的部分少，甜蜜的部分多。如果是已经进入社会的男女，爱情变成正常的行为，一个人再去暗恋或单恋，纠结、茫然，就会变成爱情中的苦行僧。

女孩A今年25岁，喜欢上了一个男人，但这个男人并没有表示喜欢她，同时他还要被派往外地工作一年，每两个月回来一次。所以女孩只能无奈地等待。在等待的过程中，她茶饭不思，经常查看手机，看对方有没有和她联系。女孩每天胡思乱想，经常找闺密倾诉，时间长了，闺密也无力招架。长久的等待是一种折磨，付出的感情得不到回应，让女孩A情绪失控，变成了一个让人感到苦涩的姑娘。

在反复的纠结中，女孩A开始思考，自己平时也是一个理性的人，为什么在面对爱情的时候，每天将自己搞得闷闷不乐，活像一个受害者？如果自己是这副样子的话，对方还会喜欢自己吗？根本不会，女孩告诉自己。在感情还能够控制的情况下，女孩A理智地站出来让她改变自己现在的状态。

很多处于暗恋或单恋中的人经历过女孩A的状态，如果任由这种状态发展下去，只能变成爱情里的苦行僧。

很多时候，让爱情中的男女感到痛苦的事情都不是什么大问题，可能只是无关紧要的事。最重要的是心态问题。

当然，如果爱上的是已婚男女，问题就大很多。有一种未婚男女对已婚男女的爱情，实际上是一种欣赏。但如果你的暗恋对象是成熟的男人的话，暗恋则会变得不那么纯粹，可能涉及利益、性，纯情的女孩为此纠结，有的愤然离开，有的则因为自己对对方的爱而留下。但时间久了，难免感到委屈，陷入被情伤害的被动局面。

一个在爱情中不如意的女人肯定不能指望别人来拯救，如果她认可了自己只能过这种纠结、苦兮兮的爱情生活，那么就是最大的悲剧。女人没有爱情一点儿不可怕，可怕的是将爱情寄托在男人身上，没有得到的时候，只能忍耐和压抑，变成爱情里的苦行僧。爱情本应该是快乐的。

“妖孽”女人的致命魅力

女特务、蛇蝎美人都可以称之为“妖孽”般的女人。

20 世纪 80 年代之前，女性普遍男性化，她们的女性特质被掩盖。不管是生活中，还是电影中饰演的女性形象都十分正面、健康。只有少数“反特”题材的电影中，导演将女特务的形象塑造得还有一些女人味。对那个时代的观众来说，银幕上的女特务千娇百媚，她们穿着能显示身材曲线的衣服如旗袍，唇上抹着鲜艳的口红，穿着高跟鞋。她们通常使用各种魅惑手段对男人充分展示她们的性魅力。

自古以来，很多男人的本能就是追求美艳的女人。如果这个女人貌美，不管她是不是具有“蛇蝎”般的心肠，很多男人也会如飞蛾扑火般地前仆后继。以“蛇蝎美人”为题材的电影以盛行于20世纪三四十年代的好莱坞黑色电影为典型。“蛇蝎美人”是黑色电影中的女神，她们没有男人理想中的善良、纯洁，而是外表无邪、内心狠毒的女人。女人的坏，除了天生的，大部分时候是命运所赋予的。扮演“蛇蝎美人”出名的女演员丽塔·海华丝，她在电影《吉尔达》里甩头发的镜头后来出现在著名电影《肖申克的救赎》里。丽塔·海华丝的海报也贴在安迪的牢房里。丽塔·海华丝是美国人的性感女神，她的海报是美国大兵最喜欢的。这位好莱坞女演员爱笑，透着一股天真烂漫的性感，正是这种无邪，让人想象不到她扮演的角色通常心机深沉。但也正是外表的无辜加上内心的“蛇蝎”，让她赢得了性感女神、爱神的称号。

“蛇蝎美人”的光环早就褪去了，现在如果用来形容一个女人的坏，可以叫她“恶女”，并且“恶女”日益稀少。日本女演员米仓凉子就是饰演“恶女”的专业户，并且是熟女型“恶女”。据说，因为米仓凉子扮演的“恶女”形象让她人气大增，在调查男人心中的性幻想对象的时候，她打败二十多岁的其他女演员，成为排名第一的日本男人性幻想对象。米仓凉子参演的电视剧多数讲述的是人性之恶，作为一个美貌的女人，她从来不对男人抱有幻想，独立自主，在男性的世界里分一杯羹，可正是这样一个女人赢得了男人的心。

随着时代发展，“妖孽”般的女人并不仅仅靠美貌取胜。“妖孽”在过去是个贬义词，现在则可用于赞美。每个女人从单纯无知变成“妖孽”，都有着不能向外人诉说的伤心往事，成为“妖孽”是一种自我救赎的方式。对现代女性来说，只有成为“妖孽”般的女人，才能争取到男人的尊重，不仅仅是外貌上的，而是在智识上与男人旗鼓相当。

成为“妖孽”是一件困难的事儿，要和岁月和逐渐变老的身体作战。

女人以前一直是两性市场中被估价的一方，等待男人来评价和认同。现在，成为“妖孽”的核心作用是女人如何变得更好，而不是为了取悦男性。当然，女人内外兼修后的受益者可能依然是男性。

Chapter 4
真爱的随堂练习

爱人之前先爱自己

不爱自己的人也不会有能力去爱人。爱是一种能力，学会爱自己是爱情里的必修课。否则，你的爱很可能会伤害别人。

在小说《所有年轻人都将在黎明前死去》里，女主角的大学同学夏念就是一个不会爱自己的人，她将爱情看得比自己重要。夏念出身良好，男朋友人人羡慕，两人关系很好。后来，夏念因不肯答应男友提出的性要求，两人产生分歧，男友背叛了她，向她提出分手。夏念不肯分手，最后她精神崩溃，放火烧了男友家的房子。男方提出不予追究，但要夏念的母亲将她送到精神病院。夏念后来从精神病院出来，也有过其他男朋友，但种种原因，最终她精神幻灭。

小说讲述的是20世纪70年代出生的小城男女的故事，夏念的行为——拒绝男友的性要求，与其说是爱自己的表现，不如说是整个社会的观念、社会道德要求女人在结婚之前最好是处女，这种思想给女人带来了沉重的精神负担。如果夏念在分手之后，及时从逝去的感情中抽脱出来，也就不会导致日后的悲剧。

除了夏念，书中的另一位女性唐立诺在她的一段长达五年的感情里也没有做到爱自己。在这段感情里，唐立诺的男朋友以爱的名义讽刺她、侮辱她、控制她，而她都接受了。但是她最终从这段感情中挣脱出来，选择了珍惜自己。

在爱情中，不爱自己的人可以成为加害者，如唐立诺的男朋友，他来自一个普通的家庭，自信里掺杂着自卑，并没有真正认同自己，所以控制欲和嫉妒心都很强。不爱自己的人更容易成为受害者，你都不爱自己了，怎么能指望别人来爱你呢？在现实生活中，爱自己的男人被视为正常，爱自己的女人可能被视为自私，这是不合理的。

亦舒小说《妈》中的女主人公就是一个爱自己甚于任何人的女人。小说以女主人公的儿子小莫为第一人称，小莫在16岁的时候回到妈妈身边。小莫的爸爸是一个平凡的一事无成的男人，小莫的妈妈则是一个很有魅力的女人，她依然年轻美貌，有很多男人喜欢她、来找她，乔其、徐老板、比利、赖利……身为儿子的小莫不能忍受妈妈这么受欢迎，而小莫的妈妈也不能忍受自己的自由被儿子干涉，最后小莫被妈妈送出去留学。

有很多人认为，母亲是世界上最伟大的人，因为她会为孩子牺牲一切，我们也知道很多女人不肯离婚的原因是爱孩子。人们赞美女人，经常赞美她们的母性。母性究竟存不存在呢？有人说，母性是经济达到一定程度后的产物，如果没有经济支持，女人对孩子的爱也会大打折扣。这种说法很现实，同时也很真实。

如果你想要学会如何爱自己，可以看看亦舒的小说，书中的女主角绝大部分非常爱自己，同时她们也十分自立，都是职业女性。书中散发出强烈的维护女性权利的气息，以及对真爱和尊重的要求，而不是迁就男人。因为只有真正地爱自己，才能吸引到真正爱惜自己的伴侣。

真正爱自己的人对爱情多数看得较淡，不能说他们没有爱，只能说他们将爱情看得较轻。女人最容易犯的毛病就是太爱对方，太看重爱情。

只是为了爱情而对其他问题不管不顾的女人，是不可能具备真正的爱人的能力的。同时，她可能也不太珍惜自己，过早地消耗掉自己的能量，失去从容的态度。

有的人，与其说是爱自己，还不如说是自恋。自恋常常发生在男人身上，很多男人自我感觉良好。我们要区分什么是自恋，什么是爱自己。自恋是指对自己过分自信、过分自满的一种陶醉心理，经常被用作贬义。实际上，适当的自恋就是爱自己、认同自己的表现。

人们在谈恋爱的时候可能对自己的形象不满意，正是因为适度的自恋给了我们承受能力。如果我们爱自己，就不会因为爱情失败而痛苦得无法自拔。如果我们爱自己，挫折和失败就不能对我们的生活造成无法挽回的破坏，我们会重新站立起来。

一个人学会爱自己，不去抱怨别人，也就能渐渐学会宽容别人、爱别人。不仅仅是爱情，在亲情中，爱人的能力也是十分重要的。首先要接纳自己，不仅看到自己的优点，还要接纳自己的缺点，不要因为自己的缺点而讨厌自己；其次要对自己宽容一些，不要压抑自己，用适当的方式释放不好的情绪。也要学会对别人宽容，因为对外界和别人的不满，潜意识里也是对自己的不满；最后要爱自己的身体，坚持锻炼。

愿每个人都掌握爱的能力，做一个会爱的人。这样才能承担起对自己、对爱人的责任。

什么情况 VS 还好吗

在爱情中，情侣很容易混淆两个概念，就是关心对方和干涉对方。关心的基础是爱、尊重，而干涉很大程度上是想要改变对方，让对方按照自己的标准来做事，这是一种自私的行为，通常以“为你好”的面目出现。

小时候，父母经常以为我们好的借口要求我们做一些事情，表面上看是对的，但有些时候剥夺了孩子成长的权利和他对自己人生的选择权。在长大之后，很多人可能在潜意识里习得了父母的方式，用这种方式去对待自己的爱人，而忽略了对爱人真正的关心。

比如，有些男人会干涉自己的女朋友穿什么样的衣服，如果自己的女朋友穿得比较性感，那么这些男人就会很不高兴，以各种理由让对方换掉。如果对方不换，就认为是不爱他的表现。而有些女人会干涉男朋友周末与他的朋友出去玩，认为如果他撇下自己与他的狐朋狗友鬼混，则是不爱自己的表现。

有些女人喜欢改造自己的男朋友，所以干涉对方的行为，试图改变对方的习惯。

有个女孩很讨厌自己的男友每次吃饭的时候总是滔滔不绝，因为她父母绝对不允许这种情况出现，认为这是一种十分不礼貌的行为。于是，女孩就反复纠正自己的男朋友，但他经常记不住，两个人经常为这件事吵架。男方认为吃饭说话没有什么大不了的，女方则觉得既然你是我的男朋友，我是为你好，才这样要求你的。两个人各执一词，最后吵得精疲力竭。女孩依然认为男朋友在饭桌上说话是一件不能容忍的事情，绝不让步。

其实，在饭桌上说话对很多人来说根本不值一提，但这个女孩喜欢抓生活中的细节，对细节的过于苛求就干涉了对方，破坏了两人的感情。女孩可以不管男朋友的这些细节，因为谈恋爱就是看清对方并逐渐幻灭的过程，因为真实的生活就是千疮百孔的，不论男女都必须有这样的觉悟。

爱，本来是简单的，只要做到真正的关心，而不是干涉对方，对方绝对能够感受到。很多人将自己的观念带进关心，实际上可能会让对方无法呼吸。爱的本质是尊重，让对方做出他或她认为的最正确的选择，而伴侣只要在后面支持他或她就好了。但很多人缺乏对别人人格的基本尊重，我们一直生活在共生的大家庭里，一定要让对方变得和我们一样。

所以，很多人相爱却不能相处，只要相处，两人就像刺猬，随时准备攻击对方。男人和女人的差别很大，很多男人不明白女人的心理，很多女人也不理解男人是怎么想的，但是不了解没有关系，只要宽容对方就好了。

如果想要一段好的两性关系，最好学会换位思考。但大部分男人只会站在男人的角度去要求女人，而女人只会站在女人的角度去指责男人。在现代社会中，男人的要求很多，有很多隐秘的、压抑的要求弥漫在社会生活的氛围中，无形地给女人戴上了一层枷锁。而女人在感情中的“受害者”形象也深入人心，常使男人承受指责。两性之间有很多的矛盾。

很少有人能明白，不干涉、不指责、不评论，学会去尊重对方，接受最真实的对方，你才会有一段圆满的爱情。

被虚荣心害了

虚荣心不是个好词，但虚荣心是每个人都有的。

在爱情中，能够明显体现一个人虚荣心的地方是外表。谈恋爱的男女在意对方能否带得出去，如果是漂亮的男女朋友，他们通常感到很骄傲，这就是体现他们虚荣心的地方。有的人即使谈恋爱了，但认为对方不如他或她，所以一般都对自己的朋友保守秘密，这也是虚荣心在作怪。

英国喜剧《冤家成双对》中讲述了三对男女的感情故事，男主角之一的派崔克与他的朋友一直在攀比各种事情，工作、办公室大小、两人憋着不上厕所的时间。现在派崔克的这个朋友结婚了，他要带妻子来炫耀。派崔克没有结婚，也没有女朋友，他向朋友莎莉求助，让她假装自己的女朋友。派崔克和朋友约在他们常去的酒吧见面。除了派崔克、莎莉，其他人物——情侣史蒂夫和苏珊，杰夫和简也在酒吧。派崔克朋友的妻子一出场就“亮瞎”男人们的眼睛，这是一位金发的大美女，拥有模特般的身材。结果派崔克舍弃莎莉，抓起苏珊，向朋友介绍苏珊是自己的妻子。莎莉看到之后，感到羞辱，立刻找苏珊的男朋友史蒂夫假扮夫妻。苏珊的男朋友史蒂夫则大为吃醋，当场求婚，揭穿了派崔克说谎。派崔克十分尴尬，被自己的虚荣心害了，没能比得过朋友。

为什么派崔克会临时改变主意呢？莎莉感到疑惑。派崔克告诉她，因为朋友的妻子是金发，如果要把这个女人比下去，只有苏珊符合条件。

结果，这个女人的金发并不是真的，而是染的。

很多男人和女人希望自己的女朋友、男朋友能够拥有好的外貌，最好一出现就让人家刮目相看。但是，哪有那么多俊男美女。如果被自己的女朋友、男朋友知道自己对对方并不满意，恐怕就会吵架，严重的还会导致分手。

虚荣心强的女人有以下特点，她们喜欢拿自己的生活环境、工作环境、家庭情况和比自己优越的同类比较，结果她们永远不满足。这种类型的女人，哪怕她已经很优秀，有很好的家庭，只要她认识的人有超过她的，就会记在心里，时常让自己痛苦一下。虚荣心强的女人嫉妒心也很强，强烈的嫉妒心可能会让她们做出非理性的事情，特别是在爱情中。如果自己的男朋友稍微关注了一下别的女人，嫉妒心强的女人恐怕就要十分吃醋，让对方解释清楚，甚至吵架。

男人喜欢把自己装扮得表面上很强大，沉迷于那种唯我独尊、成为领导者所带来的快感。在谈恋爱的时候，如果女朋友很漂亮，带出去也是一件特别有面子的事情。如果女朋友不漂亮，有的男人也表现得无所谓。如果男人过于重视外貌，重视比自己条件好的女人，最后也会疲惫不堪。比如，有的男人为了找条件好的，放弃了另外一个，结果结婚后，什么都要他来干，还经常被妻子训斥，结果最后男人再也忍受不了了，只能提出离婚。

不管是男人还是女人，有虚荣心并没有什么不好。正是因为有虚荣心，才让人类得以进步，适度的虚荣心是人们前进的动力。但如果人们过于贪心，虚荣心过强，则会让自己不幸福，也会让周围的人感到不幸福。因为山外有山，人外有人，总是有比你强的人过着比你好的生活。

真爱不要假惺惺

一个人只有对对方有了长期的、比较全面的了解之后，才有可能对对方产生真正的爱情。如果有人刚认识就表示非常爱你，你肯定会怀疑对方别有用心。这些人通常表现得非常爱对方，等得到所需之后，立刻现出了原形。

除了这种虚伪的爱情，还有一种是高尚的爱情，犹如圣人般，“我就是爱你”。

一个男人有了外遇，向老婆提出离婚，老婆十分愤怒，对他说：如果不是因为你有钱，年轻美貌的女人怎么会爱你，她比你年轻那么多！如果你下岗待业，她根本就不会看你一眼。男人并没有恍然大悟，而是理直气壮地回击老婆：是啊，人家年轻美貌，为什么非得爱待业者呢？老婆答：当初我嫁给你的时候，你并没有钱呀，而且我也年轻过，漂亮过。男人并不感动，而是说：那是因为你找不到比我好的。

结果两人不欢而散。老婆向众位亲友哭诉，指责第三者就是图她老公有钱。如果将来她老公病了，躺在床上的时候，第三者会伺候吗？他难道认为那个女人是爱他的人而不是他的钱吗？但是，老公表示爱上了第三者，一定要离婚。男人和老婆的亲友团都试图说服男人：如果那个女人真爱你，为什么一定要让你离婚呢？你不离婚，对方也可以爱你呀。但男人说：她年轻美貌，如果要做小三，有很多男人愿意。如果我不离婚，她凭什么和我在一起？亲友团说：她是看上了你的钱。可男人说：难道我老婆就对我什么都不图吗？

男人老婆说：是呀，我什么都不图，我辛辛苦苦地维持家庭，支持你的事业，结果你这么对待我！男人不以为然说：当初你是没图，但结婚之后，你计较得很多，不赚钱不行，赚钱了不陪你，你也不高兴。还经常说嫁给我的时候，你什么都没图，我听了你的话很难过。难道我浑身上下就没有一点让你喜欢的吗？

最终两个人还是离了婚，男人和年轻姑娘在一起。大家都认为年轻姑娘对男人不是真爱。也许有一天，时间会验证一切。

当然了，两个人最开始彼此吸引，肯定有喜欢彼此的地方，如外貌、物质，总之男女在一起都不是无缘无故的。有很多男人和女人喜欢扮演圣人的角色，“我喜欢你就是什么都不图”。那么，当两个人在一起之后，他或她的要求会骤然增多。

男人和女人在一起都是有理由的，在外人看来再不搭的情侣肯定也有在一起的原因。

有时候，人们在一起并不仅仅是因为爱情，还有其他很多原因。如果是年纪、阅历不对等的两个人，年轻的一方认为是爱情，年纪大的一方态度恐怕会暧昧不明。这就像当你是高中生时，你可能觉得写一篇800字的作文特别难，当你进入社会，阅历丰富之后，可能随便就能写出几千字。也不能说年纪大的一方就不把两人的感情看成爱情。

有个二十几岁的女孩喜欢上了一个30岁的已婚男人，男人似乎也很爱她。女孩脾气暴躁，但男人从来没有生气过，而是一直哄着他。女孩提出分手，离开了两人所在的城市，男人第二天就来到女孩的城市找她。女孩曾经一周没有对他再说过一句话，男人则用尽一切办法哄她。男人对女孩很好，除了不能离婚。

除了已婚，这个男人所做的一切可能比很多女孩的正牌男朋友做得都好。但这根本不能算是真正的爱，而是一种虚假的爱。这种爱让女孩痛苦，两人根本不能见光。犹如末日到来般的爱情中，两人用尽力气，使劲挣扎，最终还是不能有结果。如果是一个理性的女孩，或者年纪更大一些，可能就会完全舍弃这种非正常的爱情。

人们经常认为自己遇到的就是真爱，如果真爱有那么多，那么丘比特和月老肯定忙死了！千万不要过度信仰真爱。

打破对方的壁垒

追求爱情的过程并不是一帆风顺的，很多时候，我们可能单方面喜欢某一个人，即使向对方表白，对方也不会喜欢自己。那么，如何做才能够打破对方设下的壁垒，让对方喜欢上自己呢?

如果是男人追女人，最能打动女人芳心的办法就是让她们感动。

A先生喜欢一个女孩快一年的时间了，除了他还有很多男人喜欢这个女孩，女孩的约会很多，所以A先生一直没能把女孩约出来。A先生没有什么能够吸引这个女孩的特质，所以决定用其他男人不用的方法来追求这个女孩。他早晚开车去接女孩上下班，这个时候正好是冬天，女孩本来不想上车，但是因为之前A先生一直约她，她觉得不太好意思，就答应了。上车之后，A先生捧上热气腾腾的咖啡，给女孩暖手，又殷勤地问女孩要吃什么。

以此为突破口，A先生找到了打动女孩芳心的方法，就是每天去接女孩，在女孩工作的地方等她。即使女孩说约了人，A先生也不沮丧，送女孩去约会的地方，等女孩约会完了，又接她回家。女孩对A先生不讨厌，也没有多么喜欢。但是因为A先生一直在她身边，开始女孩还很不好意思，后来，女孩和朋友吃饭的时候，也不好让A先生等着，就带着A先生一起吃饭，于是A先生与女孩的朋友也熟了起来。A先生将女孩和她的朋友照顾得十分周到，时间一长，女孩也就默认了A先生是她的男朋友。

男人想要追求自己喜欢的女孩，脸皮厚点没关系。特别是女神级别的女人，她们身边围绕着众多的男人。时间久了，等其他男人撤退了，只有一个人围绕在女神身边，那么女神可能就喜欢上了这个一直坚持喜欢自己的男人。但是，如果男人过于执着、痴心，一直忍耐，很可能是因为投资太多，不愿意撤退。也有可能是男人的性格过于偏执，压力太大，这种爱情反而会变得苦涩。

人们常说“男追女隔座山，女追男隔层纱”。实际上，女追男也不是那么简单的。有时候，男人比女人更清楚自己想要什么样的女人。女人追求男人时，如果想要对方接受自己，就必须做好打持久战的准备，如先从对方的朋友做起。

B姑娘是一个平凡的女孩，她喜欢上了一个校草级别的男生。与这个闪闪发光的男孩相比，B姑娘显得更加黯淡了。B姑娘向男孩表白，被拒绝，获得一张“朋友卡”。从此以后，B姑娘就开始了漫长的追求过程。B 姑娘经常去男孩的寝室玩，成为男孩寝室的常客，他们一起看碟、玩游戏。B 姑娘十分懂事，每次去都带些零食，而且 B 姑娘性格开朗，是一个开心果，所以得到了男孩朋友的喜欢。

后来，不管男孩在得意还是失意的时候，B 姑娘一直陪在他身边，对他十分宠溺。最后，两人终于修成正果。

如果能够被女人痴心地爱着，很多男人可能都无法抗拒吧。不过，这种情况只是爱情的少数。

爱情不是努力就能有收获的。如果你想要让对方心甘情愿地爱上你，就必须明白对方真正的需求，即对方关于爱的需求。在不违背自己原则的情况下，让对方感到自己能够满足他关于爱的需求。爱情不是简单地说“我爱你”，而是要讲究方法。你在追求对方的过程中，一定不要让对方感到十分勉强，而是要考虑你做的事、说的话，对方是什么感受，不能将自己的爱强加给对方。两人在一起，如果对方觉得高兴、愉快甚至是幸福，那么这很可能就是爱情。

在两性关系中，一定不要给对方太大的压力，即使他爱你，也会感到窒息而逐渐远离你。你要去了解对方，了解对方的心理、价值观，在逐渐的相处过程中，对方的壁垒会自然而然地卸去。

还有，在追求的过程中，一定要用真心，而不是用心机。用心机能够一时得逞，但是并不能打破对方内心真正的壁垒。只有让对方真正地感受到他得到了爱，才能成全两人最好的爱情。

谁要听你的命令

“我爱你，所以你要听我的。”有人以爱之名要求对方听自己的命令。这可以理解为两性之间的权力斗争，一方将自己的意志强加在另一方的头上。可能很多人认为权力斗争多存在于政治斗争中，但实际上权力斗争存在于一切人际关系中，特别是情侣之间。到底是东风压倒西风，还是西风压倒东风，这也是情侣间重要的问题。

在爱情的开始，爱得多的一方多数听从爱得少的一方。比如，男人爱女人比女人爱他多一些，那么这个男人很可能会放弃自己的想法，而听从对方。

在美剧《生活大爆炸》中，莱纳德就很听女朋友佩妮的话，佩妮要看什么电影，即使莱纳德不喜欢，他也会听从。佩妮很骄傲，她认为自己随时能够甩了莱纳德。后来，两人分手了，分手很久之后两人再次约看电影，这一次莱纳德再也没有听从佩妮的话，而是选择了自己喜欢的纪录片。不再听佩妮的话，让他感到从来没有的畅快。

不管怎样，只要有命令，就会有反抗，即使有的人不说出来，实际上隐藏的矛盾也会在以后的交往过程中爆发出来。

现在依然在很多隐秘的地方在命令女人该如何做。这些隐秘的地方就是观念、习俗对女人的要求和制约。比如，剩女这个问题，社会舆论经常制造出“女人年龄大，很难找到男人”的话题，而忽略了真正的问题，就是男女比例严重失调，小于20岁的男性比同年龄的女性多三千多万。正是通过描述大量剩女没有结婚，使得25岁以上的未婚女性陷于恐慌，导致很多相亲节目中，20岁出头的女性都来了，剩女的恐慌蔓延得很广。

年轻的女孩很容易被误导而接受这种制约和束缚。在男女关系中，她比男人更容易产生是自己做得不好而导致关系破裂的印象，而忽略了男人的问题。有的男人有很强的占有欲和控制欲，他特别渴望控制女朋友，从而在亲密关系中占据制高点。当然这并不仅仅是男人自身的原因，当他还是一个弱势的小男孩的时候，他被其他亲人如他的父母控制过，因而没有安全感。在两性关系中，渴望控制的一方很可能会威胁对方服从自己，有的威胁是直接伤害对方，甚至使用暴力，“我爱你，所以我打你”“我为什么不打别人呢？因为我爱你呀！”遇到这种情况，有理讲不清，最好彻底地离开，千万不能心存侥幸。

有时，渴望控制的一方威胁对方：“如果你不听我的，我就自残。”对方不按照他的意愿做，对方提分手，他就去跳楼。这种命令是近乎暴力的专政。

对大多数心理健康、尊重对方的人来说，两性之间的权力斗争没有那么暴力和无法容忍。吵架时，动口不动手就是一种能够为人接受的隐秘的权力斗争。很多夫妻为教育孩子的方式吵，为谁做家务吵。正是因为一方不听从另一方的命令，才要通过争吵来表示不满，以求对方妥协。

在吵架的时候，有的男人经常以沉默抗争，不发表自己的看法，消极地抵抗，最后按照女人说的来做，但在内心里感到不服和委屈。

男孩A和女朋友是大学时期认识交往起来的，两人在学校期间，因为女孩的家离学校近，所以男孩A在假期的时候经常去女孩家玩。春节的时候，女孩要男孩A去她家过年。男孩A不想去，但女孩说如果他不去，就证明不爱她，要和他分手。男孩A无奈，只好跟女孩回家过年了。女孩比男孩A的家庭情况好，女孩也是家里唯一的孩子，所以女孩的母亲对男孩A很热情，有招男孩A当上门女婿的想法。两人毕业之后，女孩回到家乡工作，而男孩A则考取了研究生，女孩的母亲要求两人结婚，男孩A认为太早了，但在女孩母亲的再三要求下，两人结了婚，随后就有了孩子。

后来，男孩A认为对方的家庭对他没有尊重，一直在命令他这样做或那样做，他在这个家庭里根本没有话语权。因为男孩还在读书，生活中的很多开销都是女孩一家在贴补。男孩A其实一直在逃避，也没有和女孩以及女孩的家人进行沟通。

每个人都有权力的欲望，都希望自己拥有更多的话语权，自己的家人、爱人能够按照自己的意愿做事。当然，大多数亲密关系还是正常的，尽管一方希望另一方能够遵从他的意志，但实际上，如果一直坚持这么做，只会导致关系变坏，得不偿失。所以，理性的、正常的关系，不是要听从谁的命令，而是尊重对方、理解对方，找出两人都能接受的处理方式，这样两人的关系才会越来越好。

浪漫与金钱无关

浪漫分奢侈的浪漫和平民化的浪漫，奢侈的浪漫可以是带她去富有情调的西餐厅、去50个世界上最著名的旅游胜地等；平民化的浪漫就是鲜花、巧克力等。我们经常可以看到这样的浪漫场面，男人手捧鲜花，当众表白。有的人在喜欢的女生家楼下，用鲜花摆出心形，或在楼下弹吉他，说“我爱你”，或默默守望。还有的男人会为女生做一顿烛光晚餐。

浪漫可以与金钱无关，所以人人都浪漫得起来。女人比男人在感情上更需要浪漫，只要男人花心思去谋划，再加上不怕被拒绝，坚持下来，很可能就感动了女神，抱得美人归。正是因为女人看重浪漫，所以很有可能只看到男人表面上的功夫，而忽略了男人内心真正所想。他是不是诚心的呢？还是只是为了哄女人继续和他在一起？

女孩A认为她的男朋友是一个很浪漫的人，她的男朋友经常送她一些鲜花，办公桌上摆满的鲜花让女孩A十分欣喜。其实，女孩A的男朋友是一个十分懒散的人，经常不做家务，即使两人已经说好，女孩A的男朋友也总是不遵守两人的约定，这让女孩A十分生气。每当这时候，女孩A的男朋友就会用鲜花哄她开心，并且说很多甜言蜜语。女孩A的朋友认为这根本不是真正的浪漫，只是一种狡猾的手段，可是女孩A坚持认为她的男朋友用浪漫的鲜花哄她开心是代表爱她的。

如果浪漫失去了诚意，那么浪漫就不是真实的。真正浪漫的事情，就像歌中所唱的，“我能想到最浪漫的事，就是和你一起慢慢变老”。浪漫不仅是手段，也需要时间的证明。

有一则新闻报道称，B先生照顾他瘫痪在床的妻子十年时间，最近B先生查出患了癌症，只有一年的寿命。B先生为了在自己死后仍然能有人照料妻子，就贴出告示，如果有人愿意在自己死后娶瘫痪的妻子，就用遗产付给这个人每个月2000块钱的工资，同时，还会将自己的住房在妻子死后赠送给这个人。

B先生对妻子的爱感动了很多人。在妻子出车祸瘫痪之后，B先生一直不离不弃地照顾她。他每天早上去工作，晚上回来的时候经常带回妻子喜欢吃的糖炒板栗。在周末的时候，B先生推着妻子到公园散步。平时，B先生要为妻子做饭、洗澡、翻身，很是辛苦，但他从来不抱怨，也从不和妻子吵架。即使两人没有多少钱，B先生并没有为妻子买很多东西，但妻子一直认为他是一个浪漫的人。特别是两人去公园散步的时候，B先生经常夸赞妻子比公园里的花朵还漂亮。

生活中随处可见各种小浪漫如送花等，但小浪漫只是一时的。像B先生这样一直坚持的大浪漫则十分少见。

只要你有一颗愿意浪漫的心，浪漫也是很简单的，与金钱没有太大的关系。只要相爱的人享受生活点点滴滴的欢乐，就能感受到生命里点点滴滴的浪漫。

你站在楼上看风景

有人害怕恋爱，离爱情很远；有人不相信爱情了，不屑恋爱；有人心里想去爱，但根本不去行动；有人没有爱的能力，对爱情逃避……眼看他人恋爱了，眼看他人结婚了，这些人内心不可谓不急，但是，爱情怎么会降临到他们的头上呢？

很久没有谈恋爱的人，他们的身上散发着“生人勿近”的味道，越不去恋爱，越没有人爱。虽然站在楼上看风景很惬意，但大部分人的生理和心理都是需要爱情的。

没有恋爱可谈的人有各种各样的理由，男人和女人不谈恋爱的理由有很大的区别。

一般来说，男人是主动追求型的动物，正是因为这样，人类社会才能延续下来。如果男女都不主动，恐怕子孙后代就不会如今天这样繁盛。对自然界的生物来说，绵延子嗣是他们生存最重要的事情。所以，很多雄性动物在交配的时候用尽力气，有的还会被雌性动物吃掉，如螳螂。如果男人说他没有女朋友，很大原因是他没有去追求女人。当然他会有很多借口，如工作忙、没时间、生活中没有合适的女人出现等。

有些男人对爱情比较理想主义，他希望与自己理想中的女人谈恋爱，如果生活中没有这种女人出现，他就宁愿单身，也不勉强自己。

有些男人一直没有女朋友的原因是他条件差，这个条件差并不仅仅是物质上的。这种人的差表现在什么都不做，就希望对方"到他的碗里来"。这样的人即使有女朋友，两人的关系也不会长久。

有的男人心里谋划得好好的，但真等到行动的时候就退缩了。碰到这种情况，多数人会为自己找各种理由，如准备得不够充分、对方并不是自己喜欢的类型。在男人犹豫不决的时候，可能这个女孩已经和别人在一起了。

有的男人受过情伤，一朝被蛇咬，十年怕井绳，或者处于修复中，准备再次出发。有的男人正在享受单身的快乐……

一般来说，男人重视外表，相貌普通而没有好好打扮的女孩可能很少有人问津。而有些女人单身可能是因为她看不上追她的人。有的女人受过情伤，目前正在恢复过程中，但也有女人害怕再次出发。还有的女人正在享受单身的快乐……

如果一个人长期处于单身状态，很可能会渐渐习惯这种状态，而变得懈怠、懒散起来。他可能会认为跟异性见面是一件特别麻烦的事，不仅要修饰自己，在约会的过程中还可能会发生各种各样的事，甚至不顺利。人们在约会的时候总是希望被温柔地对待，不想遭受挫折。但往往去和异性见面时，你会遇到各种不顺心的事。次数多了，有人就放弃了主动谈恋爱。

但是，如果你不想继续在楼上看风景，就要让自己的内心强大些，不要有一颗玻璃心，稍微遇到挫折，就放弃感受恋爱的美好。如果你喜欢单身，也不见得就是坏事。最重要的是你要做自己真正想做的事情。

对不起，我爱上了别人

小昭曾经有一个相恋3年的男友。小昭十分喜欢男友，对男友照顾得无微不至。后来小昭的男友告诉她，他爱上别人了，要和她分手。小昭十分痛苦，给男友发短信打电话，苦苦哀求对方，结果被男友鄙视。男友说了很多话贬低她，把她的电话拉黑，再也不理她了。

分手后的小昭十分痛苦，发现自己失去了生活的热情。她的朋友一直在劝她，但没有什么作用。小昭感到自己的人生一片漆黑。虽然她看了很多的情感专栏、心灵鸡汤，甚至去找心理老师做辅导，但依然没能走出失恋的阴影，甚至因为男友的贬低而抱怨自己不够好。

在爱情的世界里，变心十分常见，很多人遭受过爱情的危机事件，甚至被背叛。如果你爱的人，你相信能够一生一世爱你的人，有一天站在你面前，说“对不起，我爱上别人了”，你该如何处理呢？

小昭的生活还要继续。因为不能安下心来好好工作，小昭辞职了。空下来的小昭有了更多时间回忆过去，情绪在一点点变坏。“我必须找事情做了！”小昭告诉自己。正好那时候，小昭大学里的一个师兄建议她考研究生，于是小昭只逼着自己好好读书。在学习的空隙，小昭也不让自己闲下来，她去运动、学跳舞。忙碌的生活让小昭忘记了自己的过往，与生活本身的乐趣相比，失恋并不是天塌下来。

失恋的人，特别是被背叛的人，很容易对自己的价值产生怀疑。他或她可能会想，是不是因为自己不够好，所以对方才会爱上别人呢？但即使你是一个完美无缺的人，对方还是会与你分手，分手的理由多种多样。在分手之后，不要赌气去证明自己比对方新交的朋友优秀。失恋的人可以尝试做很多事情，如旅游、做菜、跳舞，在这些事情中找回昔日自信的自己。

很多人失恋之后，会快速地开始一段新感情，有的是为了更好地从失恋中走出来，有的是因为赌气，有的则是需要别人来陪。但如果一个人没有准备好，那么对对方和自己来说都是不公平的，还会遇到很多意想不到的事情，让自己不堪重负。

失恋的人要学会调整心情，公平客观地看待逝去的这段感情，放下偏执，最好将对方看成陌生人，然后重新出发。

失恋没什么大不了的，其实是一次很平常的打击，是人生必经的诸多打击之一。失恋并不能证明你就是没有价值的，反而能够让你看清自己。经历过失恋的人肯定有所改变，很多人能够变得更坚强，勇敢地迎接下一次恋爱。其实，失恋最终会被时间治愈。

安全感在哪里

现在这个时代，很多人没有安全感。什么是安全感呢？百科上关于安全感的基本定义是：安全感是对可能出现的对身体或心理的危险或风险的预感以及个体在应对时的有力或无力感，主要表现为确定感和可控感。简单来说，安全感就是一种稳定的、不害怕的感觉。

在爱情中，安全感是两个人相处的重要条件。如果你和一个人在一起感到焦虑，那么对方就是一个无法让你有安全感的人，你们的关系很可能会失败。因为只有在有安全感的前提下，爱才会产生和延续。

而男人和女人的安全感是不一样的，在两性关系中，男人的安全感是他们需要确定对方是否爱他；对方会不会一直陪他一起走下去，即使是在他生病困顿的时候；对方会不会背叛他。与女人相比，男人的安全感一般要简单很多，如果满足了这些条件，男人就能安心地工作。男人有没有安全感一般不会说出来，但是会记在心里，在行动上体现出来。

女人的安全感可能比较复杂，很多女人将爱放在一个很高的位置，希望对方不仅能够给她感情，最好还能给她物质上的满足。当然，这种情感和物质双重的安全感并不是每个女人都能得到，只有幸运的女人才有。大多数女人只能选择自己最想要的一种，能给予女人爱情的不一定能给予对方物质，而没有爱情的女人便会追求物质方面的安全感；男人也是如此，物质是他们最重要的安全感来源。

对很多人来说，爱情只是激情，爱终究会消失，所以感情不能给他们

安全感，只有物质才能带给他们稳定的安全感。但也有很多人依然相信并需要爱情所带来的安全感，他们一直在寻找能够带给他们安全感的伴侣。

有一句话说，缺乏安全感已经变成了全世界女人的通病，可见是否有安全感已经成为女人心中最重要的事情之一。小七也认为安全感至关重要。小七谈过一场刻骨铭心的恋爱，她非常喜欢对方，但她不确定对方是否喜欢她。因为这个男人十分沉默寡言，他不会主动告诉小七他的想法，所以小七很没安全感，至少一个月问一次男友“你爱不爱我？”男友的回答一般都很简单，就是一句“嗯”。小七根据“嗯”的语调不同判断对方爱她到底有多深。

两人在一起一年之后，小七男友的工作变得很忙，每个星期给她打一个电话。即使打电话，对方也一直没有什么话说。沉默的时候，小七很焦虑。随着时间的推移，小七越来越感觉不到对方是否爱她。小七很想质问男友，但她知道男友肯定会认为自己无理取闹，这样做只会让两人的关系变得更差。小七拼命克制自己，告诉自己“安全感是自己给的，不是男友给的，我应该知足”。但这些话语并不能让小七释怀，小七很想打电话告诉对方自己真正的心情。

终于，小七抑制不住地爆发了。小七难过的时候，工作压力大的时候，男友几乎没有给过她任何安慰，小七觉得十分无助。小七的男友就是一个绝缘体，根本不会关心对方，不能建立一个健康的、互相关心、互相给对方安全感的关系。

当然，很多人会说“男人就是这样的！不能对男人太苛刻！”小七也曾用这种理由安慰自己，但这还是无法掩饰她缺乏安全感的心情，没有安全感地活着是很辛苦的事情。

小七与这个男友分手之后，过了两年，她遇到了一个不仅心里爱她，还经常向她表达爱的男人。这个男人经常给她打电话，会告诉小七他最真实的心情，小七遇到什么事也都可以向这个男人倾诉。小七的内心被暖暖的爱填满了，两人在一起时，小七感到自己被深深地爱着，她再也不是一个没有安全感的女人了。

当然，很多人会说，小七的安全感是男友给的。其实，每个人最初的安全感都是父母给的，我们被父母的爱包围，逐渐建立起自己的人生观，自己学会给自己安全感。在真正的爱情中，双方互相让对方有安全感是十分重要的。爱情是奢侈品，而安全感是必需品。爱情中，我们不仅需要自己给自己安全感，还需要对方给的安全感。这样，两人的关系才能更好地维系。

没有安全感，同时不能给对方安全感的人，可以称之为黑洞。不管给他们多少的关心、多少的爱护，他们都能将这些能量吸收进去，而从不向外散发。

关于爱情，两个人在一起最初是靠新鲜感维系，激情像烟花一样释放燃烧。而如果想要细水长流，就需要彼此包容，彼此接受对方最真实的一面。只有给了对方安全感，对方才有勇气去爱你、包容你。这样的话，即使物质上比较匮乏，有人依然相信爱情并且获得了幸福。

除了情感上给予对方的安全感，还有很多人选择用物质来给自己和对方安全感。这种选择是很正常的，所以不要责怪你曾经爱的人在感情的选择上太过现实。因为只有这样，他才会有安全感。

也有一些人有爱情、有物质，却依然没有安全感。因为安全感对于每个人来说都不一样，它与你的内心尺度有关。所以，每个人都可以成为有安全感的人，即使你现在什么都没有。

我不是你肚子里的蛔虫

对女人来说，男人倾诉得太少了，所以很多女人对男人的内心世界十分陌生；对男人来说，女人喜欢让男人来猜测她的想法，所以很多男人把女人的意思经常搞错。遇到沉默的男人和喜欢暗示的女人，他们的伴侣肯定十分为难，“我又不是你肚子里的蛔虫，我怎么知道你是怎么想的？”

小庄的男朋友是个不爱说话的人，在外人看来，这样的男人当老公挺好，稳重踏实。所以，小庄的朋友都说小庄找了一个好男人。可是，只有小庄知道，她的男朋友太不喜欢说话了，十分沉默，以至于两人在一起的时候没有话题可聊。每次吵架的时候，男友的沉默让小庄十分难受。因为不管小庄说什么，闹什么，对方要么保持沉默，要么默默地离开，留下气得半死的小庄。

小庄想过要与男朋友分手，但两人在一起已经有三年了，虽然这三年两人没有说多少话，但小庄的男朋友是个人品很好的人。对小庄来说，这几年的感情很难舍弃。两人本来都要准备结婚了，但正是因为筹办婚礼，小庄发现与男友的问题越来越大，小庄的脾气也越来越坏。有些时候，小庄想要与男友商量，如果男友能够马上回应她，可能两人也没什么事，但小庄的男友一直迷迷糊糊，不表示肯定，也不否定。小庄十分头疼，吵也吵不起来，男友也不哄她，小庄的怒气无处发泄。

在别人眼中，小庄的脾气很坏，男友一直都在包容她。但是小庄心里知道，自己受到了很深的伤害。小庄努力地去沟通，将自己的真实想法告诉男友，但还是没有得到回应。最后，小庄问男友还结婚吗？男友则将问题抛给小庄，“你说了算”。小庄的男友有些破罐破摔的感觉，一直到最后，两人取消婚礼，决定分手之后，小庄也不知道她男友究竟是怎么想的。

如果说小庄的男友是性格问题，那么这种性格的人真的不太适合有女朋友。男女关系是两人共同经营起来的，不是靠一个人维持的。有人说，男人就是沉默的动物，沉默是金。当然，在过去很长一段时间内，人们对男人的印象都是沉默的，但如果过去的女人有更多选择的权利，哪个女人会选择一个闷葫芦当自己的爱人呢？正是因为现代女人有了更多选择的权利，所以男人一直沉默的表现格外刺眼。想想两个要生活一辈子的人，女人永远不知道自己的老公是怎么想的，需要靠猜测、靠妥协、靠隐藏自己的情绪来生活，那么还不如早点分手。

除了沉默的男人让人无法忍受之外，喜欢暗示、让人猜测其心思的女人也十分难相处。这种女人不把话说清楚，男人做错了，她就会抱怨对方怎么没有按照自己的意思来做。比如，有的女人和男友吵架，希望男友哄她，可是她不明说，而是继续和男友吵架，即使鸡毛蒜皮的事也不放过，搞得对方莫名其妙。还有的女人希望对方给她买礼物，本来看上了一个包，但是不明说，而是用暗示的方法，如去逛街，或向男朋友说其他女孩的男朋友如何体贴，如何为对方买礼物。男人就按照自己的想法给女人买了一些昂贵的礼物，结果女人说不喜欢，因为不是她心中想的那一个。只要没有做到女人心里想的，有的女人就会认为这人没有眼力见。可是她说话永远模模糊糊，让人猜不透她内心真正的想法。

对于这种女人，有的男人就放弃追求了，毕竟这太浪费时间了。现代社会，人人都很忙，有几个人有时间来应付这种语焉不详的女人呢？

笑笑是一个美女，笑起来有两个小酒窝，追她的男人有一火车那么多，她都没看上。有一个男孩对她锲而不舍，感动了她，所以笑笑决定给这个男孩一个机会。男孩的条件明显比不上笑笑，笑笑总是心有不甘，经常对男友说些讽刺和嫌弃的话。笑笑希望男友一切以她为重，了解她的一切需求并要及时满足她。比如，笑笑伸手，男友就要把她想要的东西递给她。

两人第二次吃饭时，笑笑伸手，男友不知道她要什么，以为要纸巾，就递了纸巾给她。结果笑笑生气了，男友百思不得其解。笑笑让男友回去想想，男友还是什么都想不出来。后来，男友求助于笑笑的朋友，笑笑的朋友知道笑笑的小心思，告诉他，笑笑喜欢吃醋，两人吃饭，笑笑伸手的意思是让他把醋递过来。这个男孩听了差点跳起来，因为当时吃饭时，醋就放在两人的中间，笑笑随手就能够到，根本不需要男孩递。

后来，笑笑的心思愈演愈烈，男孩根本无从招架，稍有不对，笑笑就提分手。男孩只好不停地道歉来挽留她。最后，笑笑认为男孩通过了考验，从心底接受了他，男孩却向笑笑提分手。他对笑笑说："我不是你肚子里的蛔虫，不知道你时刻想什么。我没有这么多的时间去了解你的每一个心思。你应该找懂你的男人，我配不上你。"好好的一个男孩就这样被笑笑吓跑了。

男女在一起，最好多沟通，因为每个人都是不同的，每个人想的都不一样。如果你不说，没有人能够猜到你此时内心真正的想法。当然，有人可能会说我的父母就知道我是怎么想的，可关键是，男朋友和女朋友并不能扮演父母的角色，男人和女人是平等的。也许，两人在一起时间久了，有了默契。但是，最重要的是，两个人一定要多多沟通，告诉对方自己的想法和心思，让关系变得简单、明朗起来。

Chapter 5
围城里的男女

婚姻不是梦幻是现实

英国作家简·奥斯丁的小说《傲慢与偏见》描述了三种不同类型的婚姻：主角伊丽莎白和达西的理想与现实完美调和的婚姻；伊丽莎白女友夏洛特和柯林斯的现实婚姻；伊丽莎白妹妹莉迪亚和威克汉姆的激情婚姻。这三种不同类型的婚姻可以说是我们能经常见到的典型。每个人都希望能够像伊丽莎白一样遇到一个既爱自己，又能带给自己物质保障的伴侣，但很多时候，婚姻并不是那么完美的，很多人都必须面对爱情和现实的两难选择。

小童和男友交往一年半了，两人的感情很好，于是开始准备结婚的事情。结果问题来了，小童的父母表示反对，因为小童家比男友家条件好，小童也比男友挣得多。小童和男友也没有足够的钱付首付，而小童的父母又不愿意帮忙。小童的男友认为两人可以先租房住，将来只要两人努力，肯定能买得起房子，但小童不想租房。虽然将来或许能买房，但如果生孩子呢？花钱的地方更多。小童觉得如果结婚，就会降低自己的生活质量。

小童犹豫了，她的父母也告诉她，可以为她找到条件更好的，只要愿意，感情可以慢慢培养。小童本来是很看重爱情的人，她觉得分手了肯定很难过，但没有足够的经济基础，自己也很担心。

与爱情相比，婚姻要残酷得多，婚姻的琐事会将光鲜的爱情消耗得面目全非，所以很多过来人，如我们的父母会让我们选择现实，就像小童的父母。即使是选择了爱情的人，如莉迪亚，为了爱情私奔，结果还是要面对现实的生活问题。

但选了现实的人就能过得很好吗？

小雁和老公通过相亲结婚，两人都有稳定的工作，家庭也是门当户对，两人对彼此也比较满意。两人很快结了婚，但结了婚之后，问题出现了，两人经常吵架。虽然表面看起来很好，但他们彼此并不相爱。涉及深入的问题时，两人根本无法解决。而且两人平时根本不交流，不像夫妻，更像是搭伙过日子的合作伙伴。时间久了，小雁也就妥协了，但小雁的委屈和难受只有她自己知道。而小雁的老公也并没有过得很开心，为了逃避两人的问题，他选择不交流。

对女人来说，选择现实的婚姻多数是一种妥协，但妥协之后，女人又心有不甘。而对男人来说，妥协之后，也就得过且过，对他的影响并不是很大。因为男人可以更容易地获得发展机会，他可以通过其他途径来发泄对婚姻的不满。女人对婚姻的质量要求比男人要高得多，她对家庭建设的投入更多，所以要求也就更高，得不到情感的回应会让她们感到十分挫败。但女人应该和男人一样看清现实，既然没有选择爱情，就要学会看开。比如，夏洛特 27 岁，长得并不美貌，在那个时代与柯林斯结婚让她感到幸运，所以她将新家布置得充满温馨的气氛。

与《傲慢与偏见》所描述的 18 世纪末 19 世纪初的时代相比，现在要进步很多。过去的女人如果想要改变自己的命运必须从属于男人，而现在的女人则有了更多选择的权利。在现实面前，女人可以选择工作，经济独立的女人比想要依靠男人的女人更有选择爱情的权利。如果女人一方面喜欢男友，另一方面又担忧现实，怕和男友结了婚，两人没有未来，那么还是不要纠结了，选择现实吧。这样将来不会为钱的问题吵架而使两人的感情消磨殆尽。

在现实和爱情面前，男人没有女人纠结，或者说表面上，男人几乎不说他们内心的想法。男人也是很现实的，多数男人会选择门当户对的女人当妻子，而不是选择像电视剧里演的灰姑娘一样的女孩。

现在的男女比过去的人更注重现实，大多数人承认现实才是最重要的，不管爱情如何美好，最后总是要屈服于现实的。爱情常常是现实的牺牲品。很多人已经放弃了人生理想，所以也放弃了对婚姻的理想。我们总是试图说服自己对方条件好就行，只要愿意努力，对方以后会对自己好的。

其实，我们是可以掌控婚姻的。婚姻是现实的，可婚姻中也是可以有爱情的，只要你知道自己想要什么样的生活，并愿意承担结果，对自己的人生负责任。

如何选一个好伴侣

结婚是人生大事，每个人对待婚姻的态度不同，如果你想要高质量的婚姻，那么选择一个好伴侣是成就好婚姻的重要条件。高质量的婚姻都是有爱的，所以如果你想要幸福的婚姻，一定要相信爱的存在。

很多人的婚姻在一开始的时候有爱，后来爱就消失了。其实，这不叫爱，这叫激情。如果不经营，激情维持的时间很短暂。很多人结婚之后，一劳永逸，不再经营感情，而爱情需要两个人一直经营。如果你已经下定决心并准备好好地经营婚姻，说明你开始变得成熟。那么，你需要寻找一个好伴侣。男人和女人对于好伴侣的标准是不一样的。

男人如何选择一个好伴侣呢？

有人说男人是靠下半身思考的动物，所以男人在选择女人的时候，喜欢漂亮的，这是他们的生理天性。对男人来说，应认清进入婚姻，注定要克制自己。所以，男人选择一个相爱的女人十分重要，因为这样才有动力经营两人的关系，克服外界的诱惑。当然，如果选择失误，男人可以选择离婚，但是离婚并不一定带来解脱，而可能带来经济和感情的双重损失。

选择一个好伴侣，外貌是其中重要的一部分，虽然男人都喜欢美女，但不是每个男人都能有一个美女老婆。那么，一定要选一个聪明的、能够沟通的女人。在小说《傲慢与偏见》里，女主角伊丽莎白的父母是班内特夫妇。班内特先生将自己的妻子当傻子一样愚弄，当然班内特太太确实有些不聪明。班内特先生经常挖苦、讽刺妻子，妻子只能以她的唠叨来回敬丈夫对她的不尊重。

男人选老婆，还要选一个价值观与自己相同，可以共同成长的，如果女人很喜欢钱，那么没钱的人就要放弃。如果是愿意和男人一起奋斗的女人，那么男人一定要珍惜这种女人。现代社会，愿意与男人一起吃苦奋斗的女人越来越少。

女人如何选一个好老公呢？

女人与男人一样重视外貌，希望挑选最优质的基因，如果男人的基因不那么优良，但可以为培养下一代创造一个好环境，女人也会考虑。所以，这也就是我们所看到的社会现实，女人可能没有男人重视对方的外貌，而更重视对方的经济实力。

女人比男人更理想化，所以来自星星的都教授俘获了众多女人的心。女人希望对方是高富帅，能够永远爱自己，并且值得依赖。看来，只有超人才能满足女人的终极要求。

不过，现实生活中的大多数女人还是理性的，会选择一个最优性价比的老公。最重要的还是要有爱情，如果没有爱情，女人与男人一样没有动力好好经营婚姻。

女人选老公要选一个愿意花时间陪你聊天的男人。在婚姻中，有很多问题需要沟通，只有对方愿意和你讨论、解决问题，两人的关系才会越来越好。女人选的男人要温柔、体贴，懂得关心人。女人要选脾气好的男人，如果脾气不好，很容易吵架。选老公还要选一个愿意承担家务的人，什么都不做的甩手掌柜，只会让女人在婚后不断地生气。女人要选经济独立的男人，当然她自己也要经济独立，这样双方才能平等。女人喜欢宠爱自己的男人，不管女人多么强大，她的内心都有小女人的一面。女人选择男人最好选那种愿意花时间哄自己，愿意站在女人的角度思考问题的男人，女人的情绪问题，很多时候并不是无理取闹。

不管是男人还是女人，都要为自己的婚姻负责任，如果两人的婚姻有问题，大部分是两人的问题。要求伴侣的同时，也要严格地要求自己，确定自己是不是值得拥有一个好伴侣。

我家也有河东狮

电影《河东狮吼》里张柏芝饰演的月娥是古代的女权主义者，她强烈要求一夫一妻制，要求老公一生只爱自己。她对古天乐饰演的老公陈季常说：“从现在开始：你只许对我一个人好；要宠我，不能骗我；答应我的每一件事情，你都要做到；对我讲的每一句话都要是真心。不许骗我、骂我，要关心我；别人欺负我时，你要在第一时间出来帮我；我开心时，你要陪我开心；我不开心时，你要哄我开心；永远都要觉得我是最漂亮的；梦里你也要见到我；在你心里只有我……”

这大概是所有女人的梦想，也是所有男人的灾难。这样的要求也只有河东狮般的女人才能提得出来。如果你家有一个河东狮，那么你可能是一个怕老婆的男人。怕老婆也就是爱老婆，如果不爱老婆，怎么能够容忍这样的女人呢？怕老婆在现代社会是一种美德。

有人认为怕老婆的男人没有能力，性格软弱，没有男人魅力，实际上，怕老婆与一个人的性格、能力和魅力没有关系。大部分人认可怕老婆是爱老婆的表现，只有爱老婆，老婆才能在老公面前肆无忌惮地变成河东狮。

怕老婆对男人有很多好处，第一，更容易成功，因为家里的老婆强悍，男人有一股气压在心里，那么在外面的时候，就将所有的火气都发泄在工作上，全心全意地投入工作，更容易获得成功；第二，更有自律能力，因为老婆强悍限制男人抽烟、喝酒，每天下班就要回家，男人的生活更有规律，身体也会更健康；第三，更受欢迎，如果是明星等公众人物，怕老婆会给他带来更多的女粉丝；第四，与孩子的关系更亲近，怕老婆的男人愿意为老婆分担家务，两人一起养育孩子，教育孩子，享受亲子的乐趣。

怕老婆的男人会比一般男人得到来自老婆更多的爱，感情的浇灌最后总是会有成果的。

有一个男人做生意赚了很多钱，但他并没有变坏，而是与过去一样，与老婆的关系十分好。甚至在他的朋友面前，他也不掩饰自己惧内。男人每天下了班就回家，与老婆一起买菜做饭。后来，男人被查出患了绝症，他的老婆一直守候在他身边，精心照料。男人的病情越来越重，医生都放弃了治疗，而男人的老婆却没有放弃，她求医生一定要治好老公的病，她愿意拿出所有的财产请全世界最好的医生。医生为这位妻子的诚意所感动，竭尽全力，终于将这个男人从死亡的边缘拉了回来。男人出院后，两人继续相守在一起，过着平常的生活，妻子偶尔向丈夫发脾气，而男人在朋友面前仍然表现得十分惧内。

倒霉催的碎碎念

韩国电影《我妻子的一切》展示的是斗宪和贞仁结婚七年之后一地鸡毛的生活。贞仁变成了爱碎碎念的大婶，差不多把她的老公斗宪逼到情绪崩溃的地步。斗宪不敢反抗，又不敢提出离婚，为了摆脱老婆，他争取出差江陵的机会，结果妻子也跟着他一起来了。在得知邻居住的是一位花花公子之后，斗宪出钱让邻居勾引妻子，期望妻子能够主动提出离婚。当然电影比现实富有戏剧性，贞仁跟随丈夫来到江陵之后，改变了全职主妇的生活，成了电台主播，她的毒舌还为她带来了事业上的成功，花花公子也真心地爱上了她。而她终于停止了唠叨，同时向丈夫提出了离婚。结果，老公和老婆互换了角色，老公开始碎碎念起来。

在生活中不难听到唠叨、抱怨、碎碎念。很多女人唠叨，只是因为她们感到孤单而已。即使两个人已经组成了家庭，可是如果家里没有声音，一直沉默，夫妻双方没有交流，那么比起碎碎念，沉默难道不是更可怕的吗？两颗心的距离只会越来越远。

妻子比丈夫更容易碎碎念，碎碎念表示妻子对丈夫的爱和关心，如果丈夫没有领自己的情，妻子可能会一直重复“你穿得这么少，感冒了怎么办？”“我给你做的果汁，喝了有营养”等，只有丈夫听从了妻子的话，妻子才会停止碎碎念。

碎碎念也是一种反抗，用来表达对丈夫忽视妻子的不满。很多男人结了婚之后就对老婆失去了追求她时的关心、爱护，女人为了重新唤起丈夫的爱意，会说起丈夫以前是怎样对她好的，“你追我那会儿，对我多好呀，我说什么就是什么，现在什么都不听我的了”等。

碎碎念就像是猫叫，虽然猫只会发出“喵”的声音，但猫叫有轻重缓急，有张开嘴叫和闭着嘴叫，不同的叫声代表不同的需求。听到猫叫，主人会检查猫是否还有食物和水，如果这些都还有，猫可能是在寻求主人的安慰。养一只猫都需要关注它的生存需要和情感需求，何况是一个人呢？

如果你家里有一方不停地碎碎念，你就要反省是不是两人的关系出了问题。你需要与对方进行一次深入的谈话，了解对方真实的想法，制定一些两人必须遵守的原则。比如，妻子说话的时候，丈夫必须认真地听她说话。那么，只要妻子的需求得到满足，碎碎念可能就会远离丈夫了。

此外，碎碎念还可能表现出两人对现状的不满，如两人的生活质量一直没有提高，丈夫的朋友很多，交际应酬也多，妻子很不满意。对于不能改变的事情，妻子的碎碎念尤其让人感到心烦。丈夫最好告诉妻子他的真实感受，如果妻子爱他，可能就会控制自己，不在丈夫面前碎碎念。

碎碎念也是一种排解压力的方式，如生活的压力、教育孩子的压力。

不管怎样，碎碎念的存在都是有理由的，甚至是有益健康的。如果是一个沉默的女人，将所有的愤怒和怨气都藏在自己心里，维持表面上的夫妻恩爱，那么总有一天，女人和男人都会爆发。

当男人比女人还唠叨

当男人比女人还唠叨的时候，说明女人的地位很高，因为自古以来总是女人在唠叨，而男人们都不愿意听。对女人来说，有一个唠叨的老公要比一个什么都憋在心里的老公好得多。男人唠叨，老婆比较容易知道他对什么地方不满意，两人及时沟通，婚姻出现问题也好及时修正。

如果是适度地唠叨，唠叨的男人还是很可爱的。男人唠叨的原因肯定是男人要求助于老婆做一件事，或者说需要老婆来配合。这种时候，如果老婆不答应的话，他们唠叨起来丝毫不逊色于女人。就像《大话西游》里的唐僧，能够唠叨得看守他的小兵自杀，唠叨得悟空要打师父。

有些人很看不起唠叨的男人，很多影视剧和小说里塑造的唠叨男人都是看起来个性很女人化的男人。其实，这是一种对女人的歧视，认为只有男人的个性女性化了才唠叨。事实并不是这样，个性很强势的男人也会爱唠叨。男人的思维多是直线型的，并且语言贫乏。有的男人交代老婆做事，对老婆的能力表示怀疑，就会反复地问老婆，“你安排好时间了吗？你知道怎么去吗？你到了吗？你见到 ×× 了吗？”男人还喜欢唠叨自己辉煌的过去，把一件陈芝麻烂谷子的往事反复地对老婆说，直到老婆忍无可忍。

男人最令人厌烦的唠叨是说教式的唠叨，如每天在老婆面前说“你这个地方做得不对，你应该怎么做怎么做”等。还有男人一直抱怨老婆什么都做不好，是贬低式的唠叨。

小凡的老公是一个很唠叨的男人，经常在同事面前说小凡什么都做不好。实际上，小凡将家里收拾得十分干净，把孩子教育得也非常有礼貌。去过小凡家的人都可以看出，小凡为这个家付出了很多努力。但是小凡的老公看不到，而是一直抱怨老婆，“孩子的衣服脏了，你没有看到吗？”小凡听了，急匆匆地给孩子换干净的衣服；“我要的袜子怎么找不到？”小凡听了，赶紧打开衣柜的第二个抽屉，袜子整整齐齐地码放着。平时，小凡的老公总是能指出小凡做得不到位的地方，要求地板不能允许有一丝污渍，衣服必须要熨平。如果没有做到，他就会唠叨小凡做得不好的地方，甚至把过去很久的事情都拿出来重复。小凡十分苦恼，多次告诉老公自己不喜欢他一直唠叨和贬低自己，但小凡的老公根本不听。

小凡其实很爱她的老公，但这样唠叨的、抱怨的老公实在让人无法忍受，最终小凡和老公离婚了。

很多时候，男人如果爱自己的老婆，他的唠叨说明他心里有她，怕自己的老婆忘记一些重要的事情，宁愿自己多提醒，也不愿意老婆因忘了叮嘱而吃亏、吃苦。

关于老公的唠叨，老婆如果不想听，就要告诉对方，可以用温柔坚定的语气提醒对方自己不想听。因为如果女人不说，男人很可能认为对方愿意听。如果老公实在太唠叨了，老婆可以建议老公写日记、写博客，将自己想说的话写出来之后就舒服了。

许下的承诺，欠下的债

有人说世间最重的承诺，就是白娘子对许仙的承诺。

很久以前，白娘子还是一条小蛇的时候，身为小牧童的许仙在前世救了她一命。为了报答许仙的救命之恩，修成人形的白素贞以身相许，成为许仙的妻子。白素贞贤惠貌美，几乎是所有男人想要的女人。她为了爱人，什么都舍得，什么都能为许仙付出，在许仙生命受到威胁的时候，即使冒犯了神灵，她也要拿走救人的仙草。许仙不费吹灰之力就得到了这样一个好妻子，沉浸在白娘子的温柔里。

后来，法海要捉白素贞这条千年蛇妖，为了许仙，白娘子施法术水漫金山来成就两人的爱情，不顾自己刚出世的孩子和自己的姐妹。这段爱情感动了无数的人，被后世一再演绎。白素贞将这份恩情无限放大，将自己的承诺做到极致，为此白素贞被认为是极其痴情的女人。

像白素贞这种无私奉献的女人，在外人和自己的爱人看来，也许前世欠下了什么债，所以今生来还。其实这种付出十分沉重，也许这种人的爱人压力很大，因为不会有几个凡人能够承担这般深重的恩情。许仙就是个凡人，有人认为许仙辜负了白素贞的爱情。其实许仙就是世间普通男人的化身，他善良、软弱，适合过小日子，而不是将自己过成传奇，是白娘子让两人的爱情成了传奇。

欠下一般的债比较好还，而欠下了情债，十分难还。当白娘子处于危险中，为许仙水漫金山时，许仙选择了逃避。后来，许仙和白素贞的孩子长大，两人参加孩子的婚礼，许仙的脸是麻木的，不知是看破红尘，还是被妻子巨大的感情能量吓坏了。

除了感情债，男人也必须偿还其他债务。一般来说，在传统婚姻中，女人为了家庭付出更多，男人则将大部分精力放在了事业上。如果两人的婚姻一直经营得很好也就罢了，但是如果两人离婚了，男人付出的代价也很大。尤其在有些国家，一旦离婚，男人就欠下了女人一笔巨债，直到女人再次结婚或死亡。已去世的美国喜剧演员罗宾·威廉姆斯结过三次婚，威廉姆斯饱受抑郁症的困扰，据说还要负担前妻的赡养费，即使离了婚，威廉姆斯每个月也要汇钱给对方。不知道威廉姆斯最后自杀的时候是不是感到解脱，欠下的债终于不用还了。

男人喜欢对女人承诺，如果他不履行承诺了，还会有道德、法律帮助女人谴责男人将他的承诺兑现。没有感情了，就要以金钱来补偿。

徐悲鸿与第一任妻子蒋碧薇也曾热烈相爱过，为了能和徐悲鸿在一起，18 岁的蒋碧薇放弃了家里的包办婚姻，而选择了与徐悲鸿私奔。但两人并没有白头到老。离婚之后，蒋碧薇获得了儿女的抚养权，得到了 100 万元的赡养费和 100 幅画。

后来，徐悲鸿再婚，但婚姻仅持续了七年，徐悲鸿生病去世。徐悲鸿的第二任妻子廖靖文认为徐悲鸿与蒋碧薇的离婚条件过于苛刻，导致徐悲鸿不停地画画，损害了身体。

不管男女，只要许下承诺，欠下了债，总有一天是要还的。有的人可能要用一辈子去还。

拐弯抹角听不懂

马蒂尔德是一个爱慕虚荣的女人，但她的丈夫只是一个小职员，无法提供给她梦想中上流社会贵妇人般的生活。正是因为马蒂尔德年轻貌美，所以她的内心就更加感到不平和怨愤。一天，马蒂尔德的丈夫告诉妻子他们被邀请去参加舞会，马蒂尔德心里很高兴，但是她在丈夫面前表现得十分气恼，告诉丈夫自己没有合适的衣服参加舞会。丈夫反驳她的时候，她哭着让他把请帖给别人，丈夫不知所措，最后妥协答应给她钱买衣服。马蒂尔德也没有要太多钱，但是将丈夫辛苦攒下的400法郎私房钱要走了。

马蒂尔德就是用拐弯抹角的方式从丈夫那里拿到了钱，买了参加舞会的新衣服。很多妻子在丈夫面前喜欢用这种方式让丈夫满足自己的要求，如怀孕的妻子想吃什么，她说是肚子里的孩子想吃；妻子想要丈夫为自己买礼物，会拐弯抹角地说其他丈夫有多好，而不是指责自己的丈夫。

拐弯抹角地说话有很多好处：表达了自己的想法，避免了吵架，顾全了对方的面子。对方听懂了，满足了另一方的需求，两人皆大欢喜。

有的时候，拐弯抹角地说话，对方听不懂，导致两人沟通失败。有的男人的思维是直线形的，所以听不懂女人话里隐藏的意思。还有的男人根本不将妻子的话当回事儿，妻子说了，他却不知道对方说了什么。

还有的时候，拐弯抹角地说话，对方听懂了也当没听懂。比如，妻子抱怨丈夫不能像其他人的丈夫一样挣很多钱，为了避免吵架，丈夫听得懂也得当没听懂。

除了女人喜欢拐弯抹角，男人其实也会拐弯抹角。丈夫总是希望妻子爱他多于他爱妻子，就拐弯抹角地试探妻子的底线，如说自己在家的时候不擅长做家务，家务都是自己妈妈做的。其实就是想说，家务都让对方做。妻子要丈夫陪她逛街，丈夫说自己不知道买什么，去了没用。如果丈夫直接拒绝，妻子很可能会很不高兴，拐弯抹角就是为了给对方一个台阶下。如果男人不想花钱，他可能会对妻子哭穷，目的就是不给对方买东西。

在夫妻之间的相处中，拐弯抹角是一项必学的技巧，不仅可以缓和关系，还能拒绝对方。但如果拐弯抹角总是用来拒绝对方、贬低对方，说明双方彼此之间心存不满，但是又不直接沟通，这样的话，拐弯抹角会对夫妻感情造成很大的伤害。

拐弯抹角的策略是很有用的，关键是怎么用。用好了，促进夫妻关系；用不好，损害夫妻关系。

最心爱的人却伤我最深

谈过恋爱的人大部分或多或少地受过情伤。但如果是婚姻内的伤害，确实要比一般的恋爱伤害更深。婚姻维系的时间越久，对个人身心的伤害越重。比如，深爱的丈夫对作为家庭主妇的妻子的伤害：经常告诉妻子是自己养活了她；妻子对丈夫的伤害：妻子看不起丈夫，经常贬低丈夫，伤害丈夫的自尊；或者一方有暴力倾向，稍有不满就会动手。

很多人喜欢伤别人的自尊，美其名曰激励。这种情况经常存在于夫妻之间，觉得对方是自己最亲的人，是可以随意侮辱的人。实际上不应该这样，这样只会破坏婚姻。此外，男人和女人之间有着无法跨越的性别鸿沟，即使在两人最相爱的时候，也始终存在着隔阂，存在着两种话语体系。男人总是站在男人的角度考虑，女人总是站在女人的立场考虑。

男人和女人的伤害是相互的，不仅仅有男人伤害了女人，女人伤害男人的时候也有很多。只是女人喜欢倾诉，喜欢求助于情感专家，向朋友哭诉，而男人则把情伤深深埋在心里。对男人来说，妻子对他的最大伤害恐怕是背叛，特别是丈夫爱妻子比妻子爱丈夫多的时候。有些妻子如果遇到比现任男友或老公更好的男人，而那个男人也爱她，给她提供更好的物质保障，她有很大可能会离开。如果她不离开，肯定是对方条件不够好，觉得未来变数大。

有一个女人背叛了丈夫，和一个比自己小 10 岁的男人产生了感情，那个男人很爱这个女人，愿意在她离婚后与她结婚。但是这个女人犹豫了，因为爱情会消失，男人又比自己小这么多，很多年之后，女人老了，男人把她甩了怎么办。后来，女人就和这个男人分手了，而丈夫始终不知道妻子的这段故事。

当一个女人爱丈夫的时候，她肯定也是发自内心的，可以说当时的她在感情上需要现在这个男人，但是并不意味着她永远爱这个男人。如果女人说她永远不会离开丈夫，她还是可能会离开。女人的爱，女人的甜言蜜语也会同样对别的男人说。男人通常是社会上强势的一方，所以我们经常可以看到男人伤害女人的故事。但如果女人有更多的选择，女人对男人的伤害也一样多。

男人对女人的伤害同样有很多，出轨还不算是伤害最深的，有的妻子痛恨丈夫出轨，除丈夫违背婚姻的契约的原因外，更重要的是出轨会撼动她的地位，她所得到的一切可能会失去。

女人是感情动物，特别需要男人的抚慰。但对男人来说，可能觉得累人又累心。所以男人回家之后，最怕老婆烦他。老婆也越来越委屈，丈夫的温情越来越少，两人的关系越来越坏。如果老婆吵闹，丈夫保持沉默，在外人看来，丈夫的脾气很好，实际上这是一种冷暴力。女人的坏脾气、女人对老公的怀疑就是这样来的，女人变得很没安全感，责备、逼问丈夫，最终两人关系破裂。

男人对女人的淡漠很大程度上源于他对女人的不了解和自私，很多男人在结婚前根本不了解女人，也没有做好经营婚姻的准备，他认为结婚就是给自己找一个全能的妈，什么都不用他付出，就会有人做饭给他吃，给他洗衣服等，认为妻子要做的就是过去妈妈为他做的事情。

小林是个很好的妻子，结婚之后，她一直很努力，做菜、洗衣服、关心丈夫的身体。但小林的丈夫是个自私的人，虽然他一直嘴上说爱小林，但是他总是挑剔妻子，要么责怪妻子，要么对妻子十分冷淡。不管小林是温柔对他，还是对他发脾气，他都油盐不进。即使小林生病了，丈夫也没有照顾她，而是让她自己去医院。小林的丈夫根本无法给予妻子感情满足，这种婚姻的冷暴力是最伤人的。原来，小林的丈夫在结婚后就后悔了，他想过自由、无拘无束的生活，而妻子则成了他的枷锁。

不管是男人、女人，只要想有一个高质量的婚姻，就要好好地关心对方，而不是伤害自己最爱的人。

醋坛子翻了 365 天

古代“七出”里有一条要求女人不妒忌，毕竟古代实行的是一夫多妻（妾）制。如果女人的醋坛子一年到头地翻滚，那么就会家宅不宁。妻子在古代的家庭关系中占据着十分重要的地位，特别是在大家族里，妻子要管理整个家族的日常生活，所以丈夫对妻子的品德要求更高，而大家族里的男人没有几个不纳小妾的。在古代穿越言情小说里，如果某个家族立下男人不到 30 岁不准纳妾的规则，那么这个家族里的男人就能得到更多女孩和她们父母的青睐。

妒忌也被称为吃醋。唐朝著名宰相房玄龄是个怕老婆的男人，不敢纳妾，即使是唐太宗赐给他的美女他也不敢收，所以只能拒绝皇帝的旨意。于是唐太宗决定教训一下房夫人，他让房夫人在喝毒酒和让丈夫纳妾之间选一样，没想到房夫人十分刚烈，宁愿喝毒酒也不愿意让丈夫纳妾。房夫人端起毒酒一饮而尽，喝完后，房夫人并没有立刻吐血身亡，原来杯子里装的是一杯浓醋。从此之后，吃醋也就有了妒忌的意思。

其实，除了女人爱吃醋，男人也会吃醋。男人吃醋是因为他们不想任何其他男人沾染他们的妻子，只要其他男人对自己的妻子表现出兴趣，他们就会醋意大发。这不仅是爱老婆的表现，还是一种占有心理。如果自己的老婆特别漂亮，丈夫肯定会经常吃醋。只是吃醋的男人没有那么多，或者不那么明显。女人更重视情感，如果她们在感情的世界里没有安全感，就会表现出来。吃醋表示女人重视自己的男人，偶尔吃点小醋会让男人更有成就感，同时促进两人的关系。

为什么女人爱吃醋呢？女人吃醋是一种妒忌的表现，她们深爱丈夫，但丈夫事业越成功，她们就会越自卑，如果丈夫没有及时地安慰妻子，排解妻子的情绪，那么妻子就会以这种形式来体现。过分地吃醋是一件十分可怕的事情，没有男人会喜欢女人这么做，这会让男人感到很厌烦。有的女人吃醋不分场合和时机，但凡丈夫有点风吹草动，她就像喝了几大瓶醋一样，将自己的妒忌全部倾倒出来，向亲戚哭诉，让丈夫和自己都没面子，也让听者十分尴尬。

这种吃醋的方式男人根本不会买账，而会更加厌恶。女人越爱他，他越想躲避。那么，如何“吃好醋”，让夫妻的关系更进一步呢？妻子如果发现有其他女人对自己的丈夫感兴趣，首先要压制住内心的不安，不要表现出来，先想想自己平时对丈夫有什么不注意的地方，让别人有机可乘。女人可在衣着打扮上更加注重，对丈夫更加温柔，让丈夫感受到自己对他浓浓的爱意，并在平时吃点小醋。这样的话，不仅赞美了丈夫的魅力，还敲打了丈夫，将丈夫出轨的可能性降到最低。

丈夫也可通过妻子的一些行为知道她正在吃醋。丈夫可及时哄哄妻子，让两人的关系更和谐。比如，妻子最近购物变多了，买的东西又贵又没用；妻子对丈夫不再亲昵，表现得极其不信任，查看丈夫的手机，下班后、放假时紧紧盯着丈夫的去向并询问丈夫；通情达理的妻子最近变得固执、不讲理起来……

适当地吃醋，能让夫妻彼此在长期平淡的生活中感受到对方仍然爱自己，自己对对方仍然是有魅力的。醋意是一块保护墙，使得别人无法侵入，也让两人的婚姻历久弥新。

Chapter 6
如此掌控婚姻

家里讲情不讲理

A 女士的丈夫 B 先生经常出差，不管时间长短他都会拎上一个大大的拉杆箱，箱子里装满了衣服、洗漱用品，甚至是 B 先生喜欢的玩具。每次 B 先生出差回来，箱子总是敞开地放在卧室里，里面的东西乱七八糟，A 女士每次看到这种情况都非常生气。她多次对丈夫抱怨：跟你说过不下一百次了，你的东西怎么还是这么乱，回来之后你不知道把东西收好吗？整天放在卧室里，乱不乱？你没看我出差回来，都是整整齐齐的？A 女士越说越气，有时 B 先生心情好了，还会哄哄老婆；如果心情不好，则直接对妻子的要求听而不闻，甚至会说，就这样放着吧，我过两天还要出差。

按理说，A 女士的要求一点儿也不过分，作为家庭成员之一的丈夫有责任、有义务维持家庭的整洁。一个理想中的家庭，家里的东西应该放在它们应该放的地方。比如，拉杆箱里的东西要收起来，钥匙要放在进门玄关的盒子里，指甲刀要放在电视柜下面第一个抽屉里，毛巾要放在毛巾架子上，衣服要挂在衣柜里……

道理是这样的，但 B 先生还是不会收拾，A 女士甚至认为自己的丈夫像孩子一样和自己对着干。

对很多家庭来说，A 女士的要求是有道理的，因为家里的东西太多，所以它们都必须待在相同的地方，这样下次用的时候才会找到。但并不是你说的是对的，对方就会按照你说的来做，对方又不是执行命令的机器人，而是有血有肉有想法的爱人。所以，这个时候聪明的爱人会想到感情沟通，展现自己对对方的爱，用自己的实际行动让对方来做家务。

于是，A 女士收起了抱怨，丈夫再次出差回来时，她将拉杆箱里的东西取出来放好。而丈夫再次出差的时候，她亲自为丈夫收拾，这次她精简了很多行李，换了一个小箱子，让丈夫带着出差。丈夫回来后，A 女士并没有抱怨，而是继续为丈夫收拾。几次之后，沉默的丈夫感受到妻子的心意，也开始认真准备和收拾起来。

在家庭中，会讲感情的夫妻肯定更加快乐一些，没那么多的抱怨和委屈。道理虽然对，但不是人人都想听，都会按照道理来做。

C 先生和 D 先生同时看中了一款小轿车，两人准备回家和妻子商量买车的事情。一周后，C 先生开着车很拉风，而 D 先生则满脸的不高兴。

一周前，C 先生回到家，跟妻子说了买车的想法，告诉她需要 20 万元，妻子立刻拉下了脸，说：现在家里没有这么多钱，不买！ C 先生看到妻子的反应，感到很正常，他立刻笑着走到妻子面前，要给妻子揉肩膀，温柔地对妻子说：宝贝，我都伺候你这么多年了，把工资全交给你了，还不值 20 万元？再说，买车之后，你想到哪儿玩，我就带你去，保证你那些姐妹全部羡慕你有一个好老公和一辆好车。虽然咱家不太宽裕，但是还是有买车的钱的，不够的我去找我父母借。再说了，没有这辆车，我会伤心的，你忍心看着爱你的老公伤心吗？

结果，C 先生的妻子想想，也就爽快地答应了，给了 C 先生 15 万元，剩下的钱让他自己解决。C先生又找父母借了一些，然后顺利地买了喜欢的车。

而D先生回家之后说了和C先生同样的话，妻子也不高兴，D先生说：家里不是有多余的钱吗？与其放在银行里，不如拿出来买车，你想想，物价上涨，而银行的利息又这么低。妻子说：买车不如买房子，车一直在贬值，而房子才是升值的。D先生有点不高兴，说：你才挣多点钱，钱是我挣的，我想买车。妻子生气了，说：就不给。两人吵了起来。

夫妻之间，一方希望另一方按照自己意愿做事情时，如果只是死抠道理，即使对方心里认同，但表面上也绝对不会低头。所以，如果两人想要关系越来越好，就要和对方讲感情，感情讲多了，对方就会特别愿意满足你，按照你的想法来做事。

用美食留住男人的胃

“想留住男人的心，就要先留住男人的胃”，这句话曾经十分流行，很多女人深以为然。

A女士的丈夫B先生是一个十分帅气的男人，虽然快四十岁了，但看起来只有三十出头。而A女士与丈夫相比，有点像他的姐姐，岁月好像在A女士身上留下了深刻的痕迹，她开始发胖，面孔也开始显出中年女人的苍老。

事业有成的B先生身边有很多美女围绕，这让他在外面有些乐不思蜀。但是，B先生还是经常想起妻子做的可口饭菜，虽然在外面的餐馆吃过很多次，但是只有妻子做的饭菜最合自己的胃口。所以，B先生常常回家。A女士一直以丈夫为骄傲，虽然最近几年丈夫越来越不待见自己了，但是他总是愿意吃自己做的饭菜，说明他的心还是在家里的，所以A女士一直心甘情愿地为家付出着。A女士经常学习各种新菜肴的制作方法，努力提高自己的厨艺水平。对于丈夫的胃，A女士非常有信心能够留住。但是对于丈夫的心,A女士想到丈夫对自己的冷淡，脸色黯然。

当与丈夫一起吃着精心烹制的菜肴的时候，A女士不像丈夫那样吃得津津有味，而是味同嚼蜡。

婚姻里的问题，不是女人能否抓住男人的胃就能解决得了的。用美食留住男人的胃，听上去，好像婚姻就是靠女人经营，和男人一点儿关系都没有，男人变心是女人饭菜没有做好的缘故。这种说法太片面了，爱情和婚姻是两个人的问题。除了女人满足男人的需要，男人也要满足女人的需要，如女人的情感需求。爱对于女人来说，是重要的精神支柱。

女人愿意抓住男人的胃，说明了女人的努力，她们愿意满足男人的食欲，将男人养得身体健康。表面上看，男人每天回家吃饭，但是男人的心真的能留住吗？他也许在吃饭的时候，觉得对面坐着的女人还有好处，还能容忍，但是吃完饭，他剔剔牙，挑剔地说："你除了会做饭，还会别的吗？你看你现在也不年轻了，也不打扮打扮，我给你钱了吧？"女人为男人做了多年的饭菜，突然在丈夫的点醒下发现自己变成了丈夫的保姆。男人爱美食，但男人除了美食，还爱其他的。

所以，该变心的男人还是会变心，没有变心的男人说是自己老婆抓住自己的胃，实际上可能是没有变心的条件，或者他真是一个人品好的人，或者他不想改变现有的生活状态。夫妻之间的问题不应该简单到一元化，而是多层次、多方面的。用美食留住男人的胃，这种说法是懒人的逻辑。

网上有关于“想要抓住男人的心，首先要抓住男人的胃，您怎么看？”的调查。

1. 赞同，是这样；

2. 基本同意，但做不好；

3. 不一定，心是很难抓住的；

4. 没内在联系，花心与胃没关系；

5. 要抓住男人的心，关键要抓住男人的钱！

结果显示，选 1 的占 6%；选 2 的占 3%；选 3 的占 11%；选 4 的占 78%；选 5 占 3%。

以上可以看出，大部分人认为花心和胃没有什么必要联系，如果男人是个花心的人，即使妻子做的美食好吃，男人还是会花心的。即使有一天男人离开了这个会做美食的妻子，他可能会偶尔怀念，但是难道真的会痛哭流涕地重新回到前妻身边，请求原谅和重新开始吗？想想看，可能性很小。

留住男人的胃，不一定能留住男人的心，不过做饭好吃总是好的，因为可以让自己大饱口福。妻子千万不要让丈夫习以为常，偶尔做点好吃的给丈夫就好了，斗米养恩，担米养仇。

吵架中打情骂俏

夫妻之间就像是嘴唇和牙齿，嘴唇和牙齿的关系再好，也有“吵架”

的时候。吵架并不一定是坏事，这也是很多夫妻进行情感交流的方式。吵架能够及时发泄双方之间的不满。如果夫妻不吵架，心中却积聚了很多的怨气和怒气，早晚有一天会用比吵架更激烈的方式释放出来。

很多人不喜欢吵架，不喜欢发生冲突，但在吵架时，保持沉默实际上是很伤人的。有人可能在等待另一方发泄完毕，但是这样会引起对方更大的怒火。这时候是什么问题引起争吵反而不重要了，而是一方的冷暴力。一般来说，女人更喜欢争吵，男人憎恶争吵。但是吵架是有益处的，婚姻中的很多问题需要靠吵架来解决，当然有的解决得好，有的解决得糟糕。

有的夫妻吵架彼此控制不住分寸，不是就事论事；有的将陈年往事翻出来；有的侮辱对方的自尊；有的吵不过就动手……这样的话，就会将夫妻的情分和感情都吵没了。如果吵架的双方控制好分寸，只是就事论事，将对对方的不满发泄出来之后，很多吵架就会由一场闹剧变成一场喜剧。在别人看来，夫妻两人俨然是在打情骂俏。

A女士和B先生夫妻俩为买什么牌子的电视吵了一架，本来不是什么大不了的事，但A女士和B先生各自坚持要买自己喜欢的牌子，两人都不肯让步。A女士十分生气，因为在日常生活中,B先生一直都让着她。最后两人的问题不是买什么牌子的电视，而是A女士怀疑丈夫是不是还爱着她。

A女士对丈夫说：我很难过，你没有让着我，这么一件小事而已。B先生有些后悔了，说：你不要这样，对不起，我也不知道自己为什么如此坚持。A女士还是有些生气：我们结婚才两年，就为小事争吵，以后遇到大事怎么办呢？B先生说：不管是结婚前还是结婚后，一直到现在我都很爱你，我很尊重你，以后再遇到事情，我一定让着你，好吗？A女士心里舒服多了，说：我并不是要你让着我，我只是需要你给我你很爱我的感觉，对不起，在小事上我也有些固执了。B先生的语气十分温柔：我知道女人的小心思，开始时没有注意到，现在注意到了。我很爱你，你相信我……A女士握起小拳头，捶了捶丈夫，当然是不用力的：你下次要对我好一点……

A女士和B先生吵架之后感情变得更好了。

夫妻之间的吵架是可控的，可以向坏的方向发展，也可以向好的方向发展。吵架代表夫妻间的关系出了问题，很多吵架是女人引起的，有时候女人和丈夫吵架可能只是想确认丈夫是否还一如既往地爱着她、容忍她。在吵架的时候，男人只要稍微用心哄哄自己的妻子就好了。有时候两人吵架是围绕某个具体问题，如果不是原则性的问题，男人哄哄妻子，妻子也会让步，那么问题很容易解决。对于原则性的问题，这种打情骂俏式的吵架可能就起不了作用了。

不管怎样，吵架到后来，情绪和感觉比问题本身重要，女人需要这些，至于争吵的事情反而不怎么重要了。男人不要害怕吵架，越害怕，问题越多。学会吵架，学会在吵架中打情骂俏是婚姻中重要的技巧。

性爱是另一种交流方式

性爱是婚姻中比较重要的一部分，很多夫妻离婚是因为性生活不和谐，性爱和谐对于婚姻的质量和持久性起了很大的作用。

A先生和B女士是从大学同学走向婚姻的，结婚已有5年的时间了，两人的关系仍然非常好，夫妻性生活频繁，而且质量很高。两人性格都属于火爆型，在一起的时候经常吵架。但是在有了性生活之后，两人明显变得柔和多了，再也不像炮筒一样一点就着。有时候两人还在彼此生气，或是吵架，只要一方向另一方求欢，过后，夫妻俩的气也就没了。因为很多时候，夫妻性生活和谐了，心中充满了满足感，那么其他事情就都好说了。

A先生和B女士两人的性爱并没有随着时间的推移而下降，而是越来越好。因为两人都喜欢探索学习，为对方服务。并且两人的身体素质很好，平常经常锻炼。虽然平时工作很忙，但是即使没有性爱，两人也能通过拥抱等身体接触感受到对方的爱。

性爱的重要程度一直被低估，所以造成很多人对自己身体的压抑。男人如果正常表达自己的欲望，可能被错误地认为好色；而如果是女人表达，则可能被错误地认为是欲望过强。首先，我们要对性爱有一个正确的认识，就是必须承认而且正确地看待它。其次，必须了解关于性爱的知识，如很多男人在做爱的过程中没有采取安全措施，导致妻子意外怀孕后必须到医院流产，这对女人的伤害程度很大。还有如果男人包皮过长，很容易让妻子得妇科病，因为妇科病反复发作，导致性爱的质量下降。最后，性爱必须建立在公平的基础之上，因为女人本身是弱势群体，有些女人喜欢假装高潮，假装这是一次好的性爱，实际上她的内心在排斥。对于一方排斥的性爱，两人都是受害者。

在性爱过程中，男人是主导，但是如果他不了解妻子是怎么想的，那么性爱的质量只会越来越差。因为女性在性生活中越积极、越主动，那么她们的丈夫就越能享受到高质量的性爱。

在夫妻关系中，性能够用来弥补双方关系的裂痕，丈夫比较喜欢这样解决问题，只要两人依然在做爱，那么他们夫妻的关系和感情还是好的。性爱已经不是单纯地为性而性，而是变成了一种对两人关系的确认。性爱是一种重要的交流方式。如果夫妻性爱不和谐，那么很多其他问题解决起来都不太容易。

C女士和D先生结婚四年，C女士28岁，D先生32岁。开始的时候，两人的夫妻生活频率是一周三次，两三年后差不多一个月两次。C女士感到十分不满意，D先生说平时的工作非常累，回到家只想睡觉。但即使是周末的时候，D先生什么都不做，也不愿意回应妻子的要求。C女士也没有发现丈夫有外遇，但她认为两周一次实在太少，丈夫是不是对她不感兴趣了。C女士的心情十分烦躁，与丈夫的关系越来越坏。C女士与丈夫谈了很多次，丈夫也没有改变。最近C女士决定与丈夫离婚。

很多人并不认同C女士的选择，因为女人结婚，性爱被认为是不重要的，丈夫对家庭有责任心才是最重要的。但是D先生显然放弃了去了解妻子的需求。每个人的选择都是不一样的，有的妻子非常重视性爱的质量。

重视性爱的夫妻关系将更加和谐。

除了家人，还有朋友

现在交朋友十分容易，有些人的朋友圈里有成百上千个朋友，但是真正的朋友则十分稀少。今天我们谈的是除家人外对我们最重要的朋友。这种朋友在我们失落的时候给予安慰，在我们伤心的时候给予可以依靠的肩膀，在快乐的时候我们最愿意与他们分享，在痛苦的时候一起承担。

朋友是人生中美好的部分之一，有很多诗人写诗讴歌友谊，如唐代的诗歌《赠汪伦》，其中一句“桃花潭水深千尺，不及汪伦送我情”传唱千古。我们信任朋友，热爱朋友，拥有一段美好的友情让人感到幸福。

巴西有一位女子患了乳腺癌，在治疗的过程中因为化疗，她的头发全都掉光了，她的11位好朋友为了安慰和鼓励她，将自己的头发剃成光头以表达自己的心意。头发是人很重要的一部分，而且这些朋友中很多是女人，她们的举动让这名患病女子更加感动。

女人之间的友谊比我们想象中要坚固得多，如《欲望都市》里的四名女性，她们年过四十，有的已婚，有的单身，但在空余的时间里她们经常见面，彼此交换意见和看法。当然她们之间也有很多争吵，但并没能影响她们之间的友谊，男人之间不像女人那样总是说自己的心里话，但男人之间有种默契和理解。男人们也将他们的友谊看得十分特殊，有的甚至比家人还重要。

到底什么才是真正的朋友呢？

真正的朋友之间不需要客气的问候；真正的朋友不会劝你喝酒，而是告诉你要保重身体；真正的朋友即使你以为自己已经不需要他了，但是在你有事的时候仍然会过来帮你；真正的朋友可以相互倾诉，即使是自己认为最难以启齿的事情；真正的朋友在你伤心的时候陪着你伤心，在你快乐的时候分享你的快乐，而不是嫉妒你；真正的朋友禁得起风雨，不管你们是打架还是斗嘴，气消之后，都还是彼此的好朋友。

除家人外，朋友是另外一种能够包容你的人，所以人们将友谊比作无性之爱，性是性别的意思，即没有性别的爱。除了同性之间的友谊，也有很多红颜知己和蓝颜知己型的友情，弥补了我们缺失的部分。

有的人的朋友是一茬一茬的，有的人走了另外的路，有的人陪我们慢慢成长，这些一直陪伴我们的朋友就是最真诚的朋友，我们一起慢慢成熟，慢慢变老。

小糊涂不是真糊涂

郑板桥写的字“难得糊涂”十分出名，这四个字体现了郑板桥做官和做人的自况。后来，很多人将这四个字挂在家中，时时提醒自己。在婚姻中，这四个字也一样适用。如果一方抓住对方的错误不放，就会对婚姻造成很大的损害，所以很多人喜欢装糊涂。但装糊涂并不代表真糊涂，装糊涂放对方一马，对方心里也明白，下次遇到相同的事情，他或她可能就会改变自己的做法。如果抓住对方的小辫子不放，那么对方肯定心存不满，对夫妻关系的长久维持是十分不利的。

A 小姐和 B 先生谈了两年恋爱后进入婚姻，两人本来十分相爱，但是结婚后就家务谁做的问题，两人的矛盾十分突出。B 先生认为家务本来就是女人来做，他家里就是这样的，母亲几乎做所有的家务。A 小姐是独生女，父母十分宠爱她，也没有教她做过家务。A 小姐认为家务可以请保姆或钟点工来做，对于 B 先生婚前和婚后没有做家务并没有什么不满。但是B先生认为妻子不做家务这件事十分严重。A小姐也非常不满，因为她的工作更有前途，丈夫没有资格要求自己。但是B先生十分固执己见，总是要求妻子做家务。

其实，B先生在婚前就知道了妻子是这样的，但当时他并没有表现得很介意，只是婚后的要求突然变得多了起来，两人常因此吵架。

对夫妻来说，双方之间的相处只要不是原则问题，那么对彼此之间存在的小摩擦糊涂面对，对夫妻关系是有益无害的。这是一项不可或缺的夫妻相处之道。即使关系再好的夫妻，只要朝夕相处就会产生摩擦，可以说是家常便饭，如果两人非要争出个对错，那么日积月累就会发生质变。不管多么相爱的夫妻到最后也会变成“仇人”，仇人见面非要争个你死我活。

如果将假糊涂运用到夫妻间的日常生活中，则是一种宽容和理性的做法。当妻子发火的时候，丈夫不要与妻子一样较真，而是装装糊涂虫，那么妻子很快就不生气了。当丈夫做错事情的时候，如果不是原则问题，妻子也不要过于执着，丈夫知道了肯定会感激妻子，在感激之余还会反省自己，以后不会再犯。只要双方对彼此间的小错睁一只眼闭一只眼，装糊涂，绝大部分的夫妻不会再犯。即使再犯，也是人性中正常的一部分。

C女士的丈夫D先生十分喜欢和朋友出去喝酒吃饭，每次都是半夜才回来。C女士对于丈夫的行为十分不满，但是她并没有当面和丈夫说，而是装糊涂，看丈夫有什么理由。有时丈夫说出去吃喝是因为工作，有时丈夫说朋友的盛情他推脱不了，有时丈夫说自己加班，晚上犒劳自己也不为过。C女士对丈夫的托词并没有嗤之以鼻，表面上看，她是真的相信了。但编的次数多了，D先生也感到十分愧疚，于是他减少了出去喝酒吃饭的次数，并且提前回来，因为他觉得自己有一位好妻子，对他十分宽容和大度。

C女士并没有趁机要求丈夫再也不出去喝酒吃饭，C女士认为这是丈夫的社交乐趣，对丈夫来说这十分重要。D先生既可以享受到和朋友相聚的乐趣，也得到了妻子的理解，这让他对妻子十分满意，两人的关系更甚从前。

夫妻间的糊涂其实是饱含爱意的假糊涂，只要双方都保持对彼此的理解，保持大度的胸怀，那么夫妻间的关系绝对会更上一层楼。

金婚可不是碰运气

新闻报道称，比利时布鲁塞尔的一对老夫妻决定在两人结婚64周年纪念日时一起进行安乐死。丈夫弗朗西斯89岁，妻子安妮86岁，两人都深受病痛之苦。在生病之前，两人的关系就很好，生病之后，特别是弗朗西斯患前列腺癌长达20年的时间，安妮一直陪伴在他左右。安妮的身体后来也越来越差，耳朵失灵，眼睛部分失明。两人差不多每天都在一起行动，如一起去超市买东西，一起散步。随着病情越来越重，两人年纪越来越大，对生存的焦虑也越来越强烈，两位老人都表示无法面对伴侣过世而留下自己一人孤独终老。

这对比利时夫妻共同经营婚姻64年，60~70年被称为钻石婚，比50

年的金婚时间更久，而金婚在婚姻中也是十分罕见的。

电视剧《金婚》讲的就是中国一对普通的夫妻佟志和文丽，携手走过50年的风雨，从1956年到2005年，成功地庆祝金婚的故事。在现代历史的动荡中，一对夫妻要过到金婚十分不容易。两人走过三年自然灾害、“文革”、出轨、子女问题、生病……此外，两人在婚姻中几乎每天都在为鸡毛蒜皮的小事吵架，幸亏是在那个特殊的年代，人们没有太多的选择，只好彼此将就，最后也走到了金婚。金婚的宴席之后，佟志和文丽二人牵手慢慢远去，消失在雪花中。

对很多夫妻来说，新鲜感已经没有了，而婚姻中出现的各种状况都要来解决。不管两人爱不爱，只要还愿意相守，那么两人就都是有心维系婚姻的，婚姻也能继续维持下去。父母们的爱情表面上看一直是摇摇欲坠的，但是与当代年轻人的婚姻相比，却是坚如磐石的。虽然他们可能每天都在吵，但是如果子女劝他们离婚，两人又都是舍不得的，两人谁也离不开谁。过到金婚的夫妻教会我们什么是责任、牺牲、付出、坚持和妥协。

1939年，13岁的伊丽莎白在海军学校遇到18岁的菲利普，两人一见倾心。1947年，两人在相识8年后结婚。菲利普为了伊丽莎白放弃了王位继承权，改变国籍和宗教信仰。两人相互陪伴长达65年，共同经历了“二战”、金融危机等社会危机，同时也经历了家庭危机。不管遇到何种危机，两人都牵手走过，从不谙世事的少年到历经沧桑的老年。

菲利普亲王在结婚之前也曾有所怀疑和困惑，在结婚前的早餐上，他还问自己的堂姐帕特丽夏：“我这么做，是勇敢还是愚蠢？”但最后，他勇敢地做出了决定，一辈子走在伊丽莎白的后面。

两人金婚时拍的照片，伊丽莎白二世优雅、从容，菲利普亲王平静、淡然。菲利普亲王弯下腰听妻子对他耳语，人们从他们的眼睛里、面目上看到两人对彼此的爱。

金婚远离激情，因为金婚需要坚持，只有坚持到最后，才能得到一个好结果。婚姻的双方更像是在坚持一场旷日持久的修行，修行格外艰难，正是因为艰难，金婚才格外珍贵而需要被人珍惜，不是靠运气就能得来的。维系一段长久的婚姻需要巨大的勇气，遇到问题要设法解决，而现在的人在遇到问题时想的经常是要绕过去，夫妻都对彼此不满，对于付出感到焦虑和胆怯。计较得越多，婚姻就维系得越短暂。

金婚不是轻松的，如果有人想要在自己非常衰老的时候，还有一个人陪伴在身边看夕阳，那么一定要收起轻视婚姻、不愿意对婚姻付出的想法，而是货真价实地找一个和你有一样想法的人，好好经营。即使这样，未来也仍然有很多变故，总之，金婚可不是这么容易的。

婚姻里，到底谁变了

在恋爱时期，情侣间经常为对方做事，如男朋友带女朋友出去玩，女朋友为男朋友精心化妆。基本上结婚前，男人追求女人，都很勤快。结婚后，男人变懒了。结婚前，女人精心修饰自己，都很漂亮。但结婚后，女人的变化也很大，很多时候会让男人产生失望的情绪。女人会懒得在家收拾自己，变得放肆，对丈夫不那么谅解，也可能从宽容变得小心眼起来。有些女人结婚后懒得学习新东西，觉得自己反正已经“上岸”了。

对大部分人来说，妻子的改变是关于她自己的改变，无伤大雅，只要她一直为家庭付出、牺牲，那么家庭就能正常地维持运转。而婚姻中，男人的改变有时是毁灭的，如懒惰，将家里的事情都交给妻子打理，只要拿出生活费就行。

A 小姐和 B 先生刚刚结婚一年，对大部分夫妻来说，结婚一年还算是甜蜜期，丈夫和妻子没有什么大的摩擦。但是对 A 小姐和 B 先生这对夫妻来说，他们之间经常吵架，三天一小吵，五天一大吵。原因是 A 小姐在两个月前生下孩子后，B 先生像换了一个人，他将照顾孩子和做家务的重担都扔给刚坐完月子、刚满一个月的 A 小姐。B 先生总是以工作为借口，经常加班，或和同事出去玩。A 小姐在怀孕期辞掉了工作，全心全意在家待产和养孩子，这让 B 先生感到压力特别大。

其实，在两人结婚前和 A 小姐怀孕期间，B 先生还是挺好的，他会说甜言蜜语，对女朋友也还算体贴，经常带女朋友出去玩。现在的变化让 A 小姐始料未及。

最近，A 小姐的心情越来越焦躁，她去医院被诊断患了产后抑郁症，回到家之后，B 先生没有给她任何安慰，而是像一个旁观者一样。这种行为让 A 小姐十分伤心，于是两人又吵了起来，现在两人都对对方充满了不满。B 先生认为妻子太过娇气，A 小姐认为丈夫一直在逃避做丈夫和孩子父亲的责任。

与其说婚姻里是谁变了，还不如说是夫妻两人没有充分认识到自己所扮演的角色应承担的责任。既然结婚了，两人就要一起做家务。养育孩子不仅是妻子的任务，丈夫也需要承担抚养的责任，而不仅是经济的责任。有时候，夫妻在结婚之前就没有考虑过婚姻究竟是什么，婚姻和恋爱不一样，恋爱可以无所顾忌，使劲折腾，即使失恋也没有什么大不了的。但是，婚姻要神圣和重要得多。

男人和女人总是认为对方不站在自己的角度考虑，因为不会考虑对方的想法，所以另一方很自私。有的人喜欢把对方当成超人，要求对方包容自己的所有缺点，男人希望妻子包容自己的懒惰，女人希望丈夫满足自己的所有要求，如果对方有什么地方做不到自己心里，对方就是自私的。首先我们要明白，男人和女人从生理上就是不同的，所以造成两人思维的不同，如果只从一种性别考虑，那么肯定会出问题，不是谁变了，而是我们不够了解对方，不够了解人性的弱点。

婚姻里双方的表现都是他或她的本来面目，他或她或许本来就这么懒，这么自私。在婚姻里，除了自己主动的改变，还有对方要求的改变。为了公平，两人都要为对方改变。此外，还有一种是承认自己的自私、自己的懒惰，也承认对方的自私和懒惰，但是学会尊重对方，给予对方一定的空间。

在婚姻里，有人变懒，有人不再努力，但是也有人愿意为婚姻付出更多。这种付出是心甘情愿的，可能没有回报，可能对方会感动而做出改变，也可能两人最后走得越来越远。想要一个美满婚姻的人要将自己朝着好的方向改变，有时候你做的事情，对方看到了，可能也会改变。如果妻子有一个很懒的丈夫，要放松心情，或者去行动，或者去接受，而不是抱怨。如果丈夫本质是好的，那么他也会改变。最后，自己做一些安排，即使对方不改变，也不会影响你获得的快乐。

与其等到进入婚姻才发现对方的缺点，还不如在谈恋爱的时候就睁大眼睛，看看对方究竟是什么样的人。这样才不会等结婚了，才发现对方变了。

男人要学会“示弱”

21世纪，什么样的男人最受欢迎？会示弱的男人。脱口秀的主持人王自健就是这样一个男人，他经常在节目中自曝老婆打他，可怜兮兮的。

如果男人会“示弱”，那么这种男人会非常受欢迎，吸引的也绝对不是一般的女人，而是“盛女”。为什么会出现这种情况呢？对女人来说当今社会虽然是最好的时代，女人成长得很快，可以不依靠男人而活，但很明显男人成长的速度赶不上女人。只要男人“进化”一点点，对女人来说，就是珍宝一般的存在。古代女人经常说一句话“易求无价宝，难得有情郎”，对于现代女人来说，有情的男人依然十分稀少。

“示弱”并不代表男人没有能力，就像王自健自曝挨老婆打，里面肯定有夸张的成分，如果王自健真的遭受了家庭暴力，他绝对会离开他的老婆。没有人会当真，只是当笑话一般听，但对女人来说，这种笑话能让她获得心理满足感。

女人作为男人附属的社会存在了几千年，女人与男人平等的时代只有短短的几十年，你能真正相信口号上的平等在现实中完全实现吗？很明显，自古以来的男权不是靠几句口号就能改过来的。比如，家庭暴力事件，弱势的一方通常是女人。

男人过于强势，所以女人总是感到压抑，示弱的男人比强势的男人更容易得到女人的真心。提到中国最“弱”的男人，不得不说上海男人。上海男人被认为是“怕老婆”“妻管严”“精明”的男人。与其说他们是怕老婆，不如说他们是对女人爱护和尊重，对自己的妻子十分温柔和体贴。他们买菜做饭，张口闭口都是老婆。

上海男人并不觉得自己丢人，甚至他们对女人的“弱”让他们自觉高于其他地方的男人。为什么上海男人不像其他地方的男人那么重视在老婆面前维持自己的面子呢？相对于其他地方的人，上海男人认为惧内才是有面子，怕老婆实际上就是爱老婆。而爱老婆的男人是绅士的男人，能够赢得更多人的称赞。上海女人很强势，作为国际化大都市，上海女人有更多的选择。上海的生活压力大，女人与男人承受着同样的压力，她们付出与男人同样的时间、精力。上海女人的精明能干，迫使男人改变传统观念，尊重女人。

在生活上，上海女人精心装扮和提高自己，不仅将家庭经营得风生水起，在职场上也有很高的地位。在两性关系上，她们也力求让自己做到完美。很多人只看到上海男人“做小伏低”，没有看到上海女人的争取和努力。只有女人足够的优秀，男人才心甘情愿地“示弱”。

越是经济发达的地区，“弱”男人越多；越是经济落后的地区，女人的地位越低。如果想要男人真正的“示弱”，最根本的就是女性地位的提高，这需要女性努力奋斗。

如何看待出轨问题

社会对男人出轨和女人出轨的态度是不一样的。

社会对出轨的男人十分包容，而出轨男人的家人也多半会原谅他。为什么男人出轨没有付出很大的代价呢？因为男人的婚姻成本比女人低，很多男人只要有钱，就能够娶到妻子，不管他过去是什么样。在男权主导的社会，虽然表面上一直提倡男女平等，女人能顶起半边天，但从影视剧里就可以看到，还是有很多人认为女人活着的重要价值就是找一个好老公。男人对待出轨问题的处理办法没有女人思考得多，因为他本身是强势的，他所有的一切来源于社会，不像一些女人要依靠男人而生存。有的男人并不害怕出轨的信息被暴露，即使妻子提出离婚，他们往往在钱财上也不会损失很多。

女人是如何处理丈夫的出轨问题的呢？我们知道的是，她们经历了艰难的心路历程，从不可原谅到妥协，特别是对将全身心投入到经营家庭，并且有孩子的女人来说，这种伤害是致命的。建立一个家需要长年累月的经营，而摧毁一个家只需要一天。很多女人选择了原谅，但精神独立、经济独立的女人会选择离婚。

女人的出轨绝大多数是秘密的，因为一经发现，付出的代价特别巨大。社会环境对女人出轨是倍加指责的，大多数的丈夫表示无法容忍，会提出离婚。女人出轨可能是因为她和丈夫之间无论是心理上还是生理上都没法实现融洽，所以她会去寻求其他男人。

日本热播出轨剧《昼颜》讲述的就是出轨女人的故事，出轨的主题并不新鲜，可是因为对女人出轨这个现象进行了深刻的分析和细腻的刻画，得到了观众的共鸣。有些女人出轨并不是因为她本身放纵，而可能是各种原因导致的。

昼颜是一种白天开放，夜晚凋零的花，在剧中指代“危险的幸福、人妻的白昼情事”。剧中两位女主人公纱和和利佳子都是家庭主妇，在工作日的下午三点，做完了家务，赶在五点回家做饭之前与情人短暂地相会。利佳子是一个出轨高手，纱和是一位柔弱的、贤惠的女人，最开始对出轨持坚决的拒绝和否定态度，但是后来也逐渐变成了她所不能想象的那种出轨女人。

利佳子的丈夫将妻子看成一个冰箱，可以随时地从冰箱里拿自己想用的东西，却不给这个冰箱一点维护。利佳子认为如果不出轨，怎么能心甘情愿地做家务？纱和夫妻的婚姻是一桩无性婚姻，所以当她的婆婆责怪两人还不生孩子的时候，纱和十分委屈。在日常生活中，丈夫对纱和的关注也很少。

两位女主人公不仅仅是出轨，也陷入了爱情中，利佳子爱上了穷画家，纱和爱上了一个有妇之夫，一个高中生物老师。利佳子的丈夫知道妻子出轨之后，让妻子回来，说他们的两个女儿不能没有妈妈的照顾。但是利佳子的丈夫限制了利佳子的花销，不准她用手机。后来，画家也一直劝利佳子回家，利佳子妥协了，重新回归家庭。而纱和和生物老师躲在一处房子里，双方的家人找到他们，强行将他们带走，要求两人以后绝不再见面，并且两人的爱人都表示不离婚。回到家的纱和想要烧掉一切，幸亏火势没有扩大。纱和最后和丈夫离婚了。

出轨的问题一直存在于婚姻中，当女人感到对婚姻不满的时候，恰好有另一个合适的人出现在面前，女人很容易沦陷。社会上的道德和伦理对女人要求很高，人们常觉得作为妻子，就不应该爱上别的男人。但是随着时代的进步，社会对女人会逐渐宽容很多，对出轨女人不再有那么严格的惩罚，对出轨男人则不再像以前那样纵容。

不管是男人还是女人出轨，现在的法律都没有特别的惩罚措施，只是靠道德谴责。出轨现象一直存在，值得人深思。

Chapter 7

听懂话，读懂心

“男骗子”和“女骗子”

小A是通过相亲和前男友认识的，两人见面后对彼此也比较满意，所以开始交往。一个月后，前男友开始给小A发一些情话，以表示他对小A的爱。比如，“我的爱为你开启，像白色的闪电划破天际；我的爱为你奔驰，像红色的血液充满身体。”“你是我最爱的女人，我将拥你入怀；如果你爱我，我会好好对你；如果你不爱我，我会一直努力直到你接受我。”“我喜欢你，不管你有多少缺点，我爱的就是你”……

前男友对小A说的这些情话都是通过短信发给她的，这让小A感到很不真实，因为两人见面的时候，小A让男友看着她的眼睛，再将短信里的情话当着她的面说一遍，但对方从来不说。

后来，小A和这个男人分手了，她很奇怪，为什么男人会说出这些不敢当众说出来的肉麻情话。而这些肉麻情话是这么不切实际、空洞和随便。

女人是听觉动物，喜欢听男人说甜言蜜语、情话。对于情话，最初女人会欣喜地接受，因为她认为对方只要愿意对她说，就是爱她。当然最后实践证明，男人对一个女人说情话，可能也对其他很多女人说情话，并不一定是爱女人。这样的男人的这种行为就是欺骗，是要受到谴责的。但是女人对爱的渴求和虚荣心也助长了男人讲甜言蜜语、成为骗子的可能性。如果一个男人用实际行动来爱女人，时间久了，女人可能看不到真正爱惜自己的人为自己所做的，反而会去谴责对方不那么爱自己，因为他从来不说。

我们来看看说甜言蜜语的男人是如何欺骗女人的。

男A：“我爱你，我希望我们能永远在一起，我一定要让你幸福。”这是认识两个月时男人对女人说的话。结果之后的某一天，两人见面，男A求婚遭拒，立刻提出分手。

男B：“无论发生什么事，我都想要和你结婚，即使你不爱我，我也要守着你、照顾你。”然后，在某一次对方拒绝他了之后，他说：“跟你在一起很累，你不爱我，我还浪费时间干什么呢？”

男C：“我不想伤害你，因为我爱你，伤害你只会让我自己痛苦。”结果之后某一天，女人提出分手后，他诋毁曾经深爱的人，嫉妒让他失去了理性。

男D：“只要你需要，我能为你做任何事。”有一天，女人出差，过程很不顺利，打电话想让男人去看她。结果男人说：“这么晚了，你怎么这么矫情，我先睡了，明天再说。”

……

与其说男人是骗子，不如说很多男人就是这样，并且在大部分时候，男人说的甜言蜜语确实在此时此刻是真的，但女人总是对男人期待过高。除了女人喜欢听甜言蜜语，男人也会被女人说的情话所打动。在他深信不疑之后，如果他的女朋友离开了他，也会给他带来沉重的打击。

有一个男孩十分爱一个女孩，这个女孩的嘴非常甜，两人在一起的时候，男孩喜欢沉默，而女孩总是会对他说“你今天看上去很帅”“你很可爱呀！”“我现在觉得自己特别爱你”“我想跟你结婚，将来我们生一个漂亮的宝宝”……男孩听了，心里十分受用。结果，后来女孩向他提出了分手。他受到了很深的伤害，一直在心中反复回忆过往的爱。曾经认为那么牢固、可以持续一生的爱，竟然就这么轻飘飘地消失了，这让他对女人产生了怀疑。几年后，男孩又交了女朋友，女朋友对他说情话的时候，他本能地以为对方在骗他，十分排斥。

与男人不着边际的情话相比，女人的情话是她当时内心最真实的反映，这些情话几乎没有怎么修饰，十分直白。女人的爱也是此时此刻的，如果她遇到一个更好的男人，她会爱上更好的那个。这和女人的生物本能也很相符，从进化的角度来看，女人需要找一个更优秀的男人来生养出更好的孩子。

有时候，女人的情话所含的意思并不是表面我们所听到的，女人对男人的宽容多是在她最爱男人的时候，随着时间的推移，她对男人的要求会越来越多，如要求他挣钱，提供稳定的物质生活。这个时候，男人总是有种上当受骗的感觉。他们会想“当初你跟我在一起的时候，不是不计较我没有钱吗？现在我有稳定的工作，为什么我还要再努力奋斗呢？”女人喜欢对男人说“我是不会骗你的”，其实她说这句话就是欺骗，女人会隐藏很多对她不利的事情，如果男人计较，女人会撒谎；如果男人表示不计较，女人还是会选择隐瞒。比如，有些女人喜欢说“我会一直陪在你身边”，其实她希望男人一直爱她、关心她，但如果有一天情况变了，男人变心了，或者她遇到了更好的男人，她可能会选择离开。

男人认为漂亮的女人比一般女人更容易变成感情骗子，其实是因为漂亮的女人有更多的选择。她们有机会找到更爱她们、条件更好的男人。所以说，男人也不要对女人抱太大希望，享受此时此刻。不管是男人女人，只要此时此刻有真爱，就要好好享受，不要总是怀疑他或她欺骗了自己。

幽默大师养成记

婚姻内的男女朝夕相对，如果没有一点幽默和娱乐精神，那么恐怕在未来几十年的时间里会感到非常乏味和难以忍受。恋爱的时候，我们可能比较看重外在的东西：学历、工作……但是结婚之后，婚姻不是靠高学历、好工作就能过得下去的。

在婚姻里，男女双方要学会用幽默化解两人的矛盾。如果一方过于敏感，将对方的每一句话、每一个行为都上升到爱、生活意义等哲学高度上，那么只会收获失望。此外，如果对方过于严肃，情绪太多，或者如言情小说一样将爱情当饭吃，在婚姻里都是自寻烦恼。

A女士想让丈夫B先生在她生日的时候买一个两万元的包送给她，她对丈夫说了这个想法。B先生听了，立刻高声叫起来，“两万元，什么包值这么多钱？买个几千块钱的不就得了，再说几千的和两万的有什么差别呀？”A女士听了，十分生气地说：“你这么心疼钱，我拿自己的钱买！”B先生讽刺地说：“你有钱吗？我打赌你的卡上连两千块钱都没有。”A女士听了丈夫的嘲笑说：“我一会儿就把我卡上的钱打给你，你看有没有！”

于是，A女士给B先生打去了两万块钱，并对丈夫说让他想买什么就买什么，身为丈夫既然不愿意付钱，那么妻子付钱好了。B先生把两万块钱打回去了，不得已向妻子道歉，但是A女士表示已经伤心了，因为B先生认为夫妻情分没有钱重要。B先生也无话可说，两人僵持了起来。

如果A女士和B先生在买包这件事上放松一些，不要那么较真，两人也不至于生气。如果这件事的主人公换成懂得幽默的夫妻，可以是这样的：妻子听了丈夫不愿意买，她一点儿也不生气，而是笑着说，臣妾这么多年伺候陛下，陪着陛下打江山，陛下念在这么多年的夫妻情分上，奖励一下呗！妻子边说边往丈夫身边靠，用一双恳求的眼睛看着丈夫，丈夫就算心肠再硬，也会觉得受用吧。妻子放低气势，既满足了丈夫的虚荣心，还得到了自己想要的东西。

有的幽默建立在自嘲、自讽的基础上，夫妻双方必须要有自黑和宽容的精神，就像现在的娱乐明星，没等其他人来“黑”，就先把自己“黑”了。如果明星太较真，肯定有打不完的官司，没法工作了。

婚姻不像恋爱的时候有那么多的底线，要求对方必须达到一个什么标准，如果对方做不到就生气。如果在婚姻里还这么做，肯定早就被气死了。

婚姻生活需要运用智慧，尽量用幽默的方式来表达自己的要求，这样既能达成目的，又让双方开心。时间久了，自然成为幽默大师。

不过是优先级的问题

两个人结婚之后，在很多事情上可能有矛盾，特别是事情遇到一起的时候，到底是丈夫的事情优先，还是妻子的事情优先；是婆家的事优先，还是娘家的事优先？有一笔现金，丈夫说先买车，妻子说先买房，到底听谁的？

特别是房和车的问题，很多夫妻为此闹过矛盾。有些男人认为应该先买车，上班有个代步工具，平时去什么地方也很方便，而且房子要比车子贵多了，等以后有钱再买房也不迟。而很多女人则认为应该先买房，房价一直在上涨，恐怕攒钱的速度赶不上房价上涨的幅度。买了房还能升值，但是车只会越来越便宜，并且车子开过之后就不值钱了。

最能体现丈夫和妻子优先级问题的事情是过年回谁家。对于现在的人们来说，过年可以回婆家，也可以回娘家，或自己在外面过，或将双方父母接到所在城市过。每到过年的时候，都是夫妻纠结的时候，有的夫妻会就此事争吵不休。过年回谁家这件事，到底是谁说了算？

A 先生和 B 小姐都是家中唯一的孩子，一个家在湖南，另一个家在辽宁，两个人都在上海工作。每到过年的时候，两人都为到谁家过年头疼，双方的父母也一直在催促和试图说服两人，所以导致更多的问题。对父母来说，每年都想见到孩子是正常的，毕竟一年没有几次见面的机会。第一年的时候，B 小姐说服了 A 先生到自己家过年，第二年 A 先生想让 B 小姐随着他回家过年，B 小姐答应之后反悔了，她非要丈夫陪着她回娘家，如果不跟着她回，那么两人就各回各家。A 先生十分无奈，跟妻子约定第三年一定要回婆家，B 小姐答应了。

等到第三年的时候，B 小姐又临阵退缩，A 先生非常生气，一个人独自回家了，B 小姐则回了自己家，夫妻是分开过年的。后来 B 小姐为了安抚丈夫，在过完年的春节期间赶到婆家，A 先生的气才消。

其实回谁家过年在一定程度上能体现夫妻到底是谁比较有话语权。对越来越多的独生子女来说，因为父母只有自己一个孩子，所以回自己家过年是理所应当的，即使结了婚也一样。对 A 先生和 B 小姐这对夫妻来说，如果好好沟通一下，真正站在对方的角度考虑，那么“各回各家、各找各妈”或许是最好的选择。过年不一定要大团圆，过一个好年，让夫妻双方都感到舒服才是最好的。因为一方跟着另一方回家，回的都不是自己家，肯定在过年当中有些不适应。再说公公婆婆对儿媳妇、岳父岳母对女婿都没有太深的感情，过年看不到也不影响感情。当然，这只是一个比较个人化的选择，因为过年并不仅仅是感情问题，而是一种仪式，是象征性的大团圆。

数据表明，将近 25% 的家庭选择每年过年到男方家去，1.6% 的家庭选择去女方家，40% 的家庭选择轮流。还有很多家庭选择一年走两家。在此期间，有三分之一的夫妻吵架，甚至激烈对抗，导致离婚。

对夫妻来说，如果一方坚持自己的意见优于另一方，则很容易出现矛盾。双方最好商量着来，这样夫妻关系才会长久。

少指责，莫挑剔

男人不了解女人，认为女人充满了神秘感，所以去追求女人，但在越来越了解的过程中，他们可能开始因了解而对女人失望，变得挑剔女人、指责女人。有些女人是被动等待追求的一方，她们因不了解而不爱，却在越来越了解的过程中爱上男人，包括男人的缺点。当然这是在两人还没有结婚，没有共同生活的时候，如果进入婚姻，男人的缺点让想要追求完美婚姻的女人难以忍受，所以她们也会挑剔男人、指责男人。

不管怎样，男人和女人内心对彼此的不满很多，有的人情商高，懂得将自己的不满处理好，或者自己改变、接受，或者去改变爱人。有的人则直接将这些不满表达出来，导致关系紧张甚至破裂。

A女士和B先生结婚两年了，A女士发现丈夫越来越爱挑她的毛病，两人才结婚的时候，A女士一直忍着。B先生喜欢说自己的妻子懒，没有女人味、邋遢、不会化妆、不擅交际等。除了挑剔A女士，B先生还喜欢说A女士的家人，如A女士的妈妈看上去十分老相，爸爸脾气坏。A女士在丈夫的挑剔和指责下，变得越来越爱干净，学着化妆，但是B先生还是不满意。有时候两人吵架，A女士让丈夫停止挑剔她的家人还有她自己，但B先生认为A女士太过认真，说说而已，又没有什么恶意，难道在家什么话都不能说吗？丈夫的这种行为让A女士深恶痛绝，在忍无可忍的情况下，终于提出分居，如果丈夫改正，他们还能在一起；如果不能改正，A女士将会提出离婚。

没有人喜欢别人经常说自己的缺点，指责、挑剔自己，这会让人压力很大。时间久了，将会产生严重的后果，情绪变坏，失去自信。人们喜欢听表扬和鼓励的话。在人际交往中，如果善于夸奖他人的长处，那么人与人之间将会更加愉快。这一点在夫妻之间更为重要，因为夫妻两人朝夕相对。既然两人相爱结婚，那么就要全身心地爱对方。对方的优点，我们要学会欣赏；对方的缺点，也要多多包容和忍耐，少指责，莫挑剔。

每个人都有自己的行为方式和生活习惯，只要不涉及原则问题，大可不必指责和挑剔对方，即使对方表示暂时接受，肯定内心也会积聚不满，爱也会在指责和挑剔中消磨殆尽。智慧的夫妻要学会赞美对方，如果一个人经常听到来自最爱的人的赞美，那么就会对自己充满自信，也更爱对方。

C女士和D先生是一对结婚多年的夫妻，D先生平时十分懒惰，从来不管家务事，无论C女士怎么恳求、指责都没用。后来，C女士的一个朋友告诉她，指责和挑剔不会让D先生改正，让她不妨学会赞美丈夫。于是，C 女士改变对待丈夫的方式，决定寻找丈夫在家庭生活中的优点。有次，家里来客人了，C 女士十分忙碌地做菜，厨房里没有干净的盘子了，D 先生听到后就动手洗起用过的盘子来。C 女士对丈夫的帮忙十分赞赏，告诉丈夫要奖励他，给他买一直想要的一款手机，而这是她先前不同意买的。D 先生十分高兴，后来，D 先生得到了妻子越来越多的赞美，渐渐地，他觉得做家务也不是多么困难的事儿，还能锻炼身体。

家庭生活中的赞美十分重要，对婚后的夫妻来说，妻子需要丈夫的夸奖，丈夫需要妻子的鼓励，挑剔指责只会让关系更坏。但如果一方一直指责、挑剔另一方，另一方一直迎合，说明一方对另一方十分不满意，另一方确实有很多缺点。但是即使一个人有再多的缺点，如果真的遇到一个一辈子都要挑剔、指责自己的伴侣，还是早些离开比较好，因为对方已经认为你配不上他或她了。

不是所有的话都能说

A 先生有一个好妻子 B 女士，他们的家庭是令人羡慕的。B 女士对丈夫十分体贴，不让丈夫在家里有一点操心的事情。但是幸福的背后有阴影，A 先生特别受不了妻子的那张嘴，她在家里总是有诸多情绪，一直骂骂咧咧，扫地的时候骂，洗衣服的时候骂，虽然 B 女士不让丈夫插手，但是 A 先生不知道什么时候就会被妻子数落。比如，卫生间里的东西没有按照她的意愿摆放整齐，B女士就会一直说这件事，简直比祥林嫂还要碎嘴。

其实，B女士在外面的形象跟在家里完全不一样，她在外面的时候一直温柔而有礼貌，这也是当初两人谈恋爱的时候，A先生最欣赏妻子的地方。但是现在A先生说宁愿妻子什么都不要干，朋友建议A先生减少与妻子相处的时间，但是A先生是一个顾家的人。妻子嘴里吐出的难听的话让他感到十分困扰，甚至在考虑离婚。

除了沉默的冷暴力，如果把家里当成情绪垃圾场，什么难听的话都说，稍微不满意就满嘴脏话，无理取闹，不讲道理，如女人像泼妇，男人像流氓，这种情况也会导致婚姻的破裂。

有人认为婚姻是什么都能包容的，一方必须要包容另一方不好的情绪，承担另一方的压力。实际上并不是这样，法律也没有规定妻子或丈夫必须要忍受自己的伴侣的所有话。没有人愿意生活在什么难听的话都往耳朵里钻的家庭里。只要结婚，我们就必须认识到：只有谨慎说话，才能让夫妻之间的和睦关系长久一些。否则，我们就要付出代价。

那么，如果一方心情不好，感到烦躁的时候应该怎么说话呢？首先，我们都是成年人，要学会控制自己，可以用尽量温柔的语气告诉对方：亲爱的，我今天心情很烦躁，你能不能哄哄我或者不要打扰我等。

在生气的时候，千万不要没事找茬发脾气，或者说一些不可挽回的话，如“离婚”。有人喜欢在吵架的时候用这样的话来威胁对方，结果说多了，量变产生质变，就真的离婚了。当然，多数喜欢说这句话的人并不是真心想离婚，可能只是生气时发泄情绪的一种方式，但是怎么办，对方当真了，可能无论怎么做都无法挽回。不管怎样，“离婚”这两个字都不要轻易说出口，因为对婚姻来说，这真是很大的伤害。

此外，还有侮辱对方的话，如女人经常说的“我真是瞎了眼才嫁给你”“你看 ×× 家老公，比你能干”这类的话。很多丈夫不堪忍受妻子长期的贬低，所以提出离婚。

C 先生和 D 女士结婚已有十多年了，最近 C 先生提出离婚，理由是性格不合。D 女士不愿意，对亲戚哭诉说：我们结婚这么久，孩子都这么大了，他怎么还要提出离婚，早干什么去了？当初我们认识的时候，他一无所有，我们家死活不同意我们俩结婚，我父母都看不起他，我也没有嫌弃他，结果现在他为了别的女人要跟我离婚。想当初我们结婚的时候一无所有，我受了多少苦。我父母说得没错！

亲戚也同情 D 女士的遭遇，而 C 先生听了妻子的哭诉则说：大家看看，你说谁能受得了她，从结婚开始她就这样说，我们自由恋爱结婚，我又没有欠她的，她却让我在她面前矮半截，什么都要我听她的才行，我真是受够了。每次如果我不听她的话，她就看不起我，贬低我。

C 先生坚持要求离婚，因为没有人愿意和一个一直侮辱自己，看不起自己的人在一起生活。

每个人都希望得到尊重，何况是和我们朝夕相处的人。很多女人常常口不择言，觉得是因为爱丈夫，才愿意去说他。但女人常常忘记，即使是自己的亲生父母和孩子，也会因为这些话而远离自己，何况是没有血缘关系的丈夫呢？

此外，在婚姻中也不能肆意说对方父母、朋友的坏话。我们一定要记住，如果想要一个稳定的婚姻，一定要谨言慎行，不该说的话千万别说。

时间花在哪里是看得见的

时间都去哪儿了？虽然时间过得很快，但是人们的时间有的用在工作上，有的用在经营家庭上，不管时间用在哪里，总是能够看出来的。

民国传奇女子萧红的时间主要用在写作上面，所以成为近代中国著名女作家中的一个，她的写作成就仅次于张爱玲。萧红不是传统意义上在家相夫教子，安度晚年的女人。

而傅雷的妻子朱梅馥则是一个传统意义上的女人，她将所有时间都花费在家庭中。她的一生没有那些传奇女性般精彩，但是她成就了著名翻译家傅雷的一生。朱梅馥原名朱梅福，在嫁给傅雷后，傅雷为她改名“梅馥”，这个女人用自己的芬芳滋养了自己的丈夫和孩子。

其实，朱梅馥接受的是西式教育，在音乐、绘画等方面也有很高的造诣，但她的性格、气质是东方社会里贤妻良母的典型。她高贵、温柔、坚定、博爱。她的丈夫傅雷是一个艺术造诣极为深厚的人，但他的脾气不好，难以与人共事。这些朱梅馥都接受了，并向自己的儿子傅聪解释了她一直宽容傅雷的原因。为了家庭和孩子的幸福，还有傅雷事业上的成功，朱梅馥放弃自我，成就了一个大翻译家。

傅雷最后也被妻子感动，他曾经这么说：“自从我圆满的婚姻缔结以来，因为梅馥那么温婉，那么暖和的空气，一向把我养在花房里。”朱梅馥扮演了温柔的妻子、慈祥的母亲、漂亮能干的主妇等多重角色，并最终得到了丈夫和他朋友的认同和尊重。

人们常说，成功男人的背后一定有一位伟大的女性，虽然很多时候，只有男人的成功会被外界记住，但是女人的隐性付出、年复一年的家务劳动、教育孩子等，是不能被忽略的。

有些努力只有女人和自己的家人能够看到，而不是像男人事业上的成功那样，很容易被外界关注。

亦舒小说《曾经深爱过》讲述的是男主人公为了事业，疏忽了妻子，结果妻子没有打一声招呼就离开了他。这部小说是以男人的口吻来写的，男主人公周至美出差回来，妻子不知所踪，他拜托侦探社好友小郭替他寻找妻子。小郭让周至美回答一些关于他妻子的问题，周至美竟然对妻子的兴趣、爱好甚至年龄一无所知。他意识到自己是个失职的丈夫。他出身贫困，争取到奖学金留学英国，工作之后，他投入全部精力，终于取得了一些成果。在外人的眼中，他是成功人士。此外，他外貌英俊，很多女人对他表示好感，他都不为所动。他是人们眼中的好丈夫，有个好工作，对妻子忠诚。但最后，妻子却不辞而别，做得十分绝情，他连解释的机会都没有。

后来，周至美一边寻找妻子的下落，一边重新投入工作。有一个和他一样愿意将全部精力投入工作的女人——邓博士走入他的人生，他发现只有这种志趣相投的女人才是自己的最好选择。但是邓博士也是有家庭的，并且有一个儿子，她的丈夫和孩子在等待她的归来。

对一些女人来说，小说里的男主人公周至美是理想选择，虽然他对家庭付出得比较少，但是只要他拿钱回来养家就好了。

人的精力和时间是有限的，选择了家庭可能事业不成功，选择了事业就不能兼顾家庭。不管是男人还是女人，只要他们将时间花在自己愿意花的地方就行了，努力总是有成果的。当然，同时要懂得欣赏对方的努力与付出，知道对方的时间花在哪里了。

不要用手指着我

用手指指人是对别人的不尊重，在婚姻中，不尊重对方是不会长久的。

A 先生是一位大学教授，他的妻子 B 女士和他青梅竹马。两人在上高中时确立了关系，后来 A 先生考上了大学，B 女士落榜。为了表明自己不是陈世美，A 先生在大学毕业后和 B 女士结了婚，在结婚之后，A 先生继续读书，B 女士生了孩子。后来，A 先生留校任教，成为一名大学老师，经过十多年的努力逐渐晋升为一名受人欢迎的教授。

很多人羡慕 B 女士的好运，称赞 A 先生的长情，因为并不是每一对少年恋人都能走向婚姻生活的。但在实际生活中，B 女士并没有获得丈夫的尊重。在丈夫上学期间，家里的经济重担都压在 B 女士的身上，为了养活孩子，替丈夫交学费和生活费，B 女士一直辛苦地工作，受了很多苦，才坚持下来。后来，家里的经济重担终于由 A 先生扛起来，B 女士才过上了别人眼中的好日子。

很多人认为 B 女士的命真好，两人之间的差距越来越大，但是 A 先生对待妻子始终如一。只有 B 女士知道，这只是表面现象，在这个家里，她是不被尊重的。她一直扮演的是保姆角色，丈夫什么话都不和她说，她稍微提出一些不同意见，丈夫就指着她说她什么都不懂，不要乱说话。

对于他们的孩子，A先生也一直很冷淡，大概是因为孩子是在他上学期间，没有经济能力时生下的，所以没有多少父爱，有的只是孩子给他带来的压力。A先生经常晚归，B女士也不能询问他去什么地方，为什么这么晚回来。两人的关系名存实亡，但是A先生从来没有提出过离婚。B女士说，丈夫是为了一个好听的名声，实际上这场婚姻是他出去拈花惹草的保护伞，A先生喜欢诉说自己对B女士的恩情，这让他很有成就感，而且B女士也管不住丈夫，稍微说几句，丈夫就表现得很轻蔑。

B女士问丈夫为什么这么轻视她还要与她结婚，A先生回答说：我以为自己能够一直爱你，我在坚持，但后来坚持不下去了，我进化了，你没有进化，你是一个庸俗的女人，可是我们有孩子了，我只能忍耐。

在这场婚姻中，A先生和B女士都不是坏人，只是A先生一直怀有优越感，认为B女士配不上自己而已。其实，婚姻这种东西就是一项契约，两人签订合同，各取所需。如果不是一方身上有吸引另一方的地方，或者给另一方带来好处的地方，那么另一方也不愿意与之结婚。那么，既然已经结婚了，最好放弃优越感。

很多人结婚的时候遭到父母反对，有的不管不顾结婚了，但在结婚之后问题来了，只要有矛盾，父母反对结婚的一方就会开始说自己是如何顶着父母的压力与之结婚的，对方如何的没有钱、没有高学历等。开始的时候，弱势的一方自然对优越的一方心存感激，但说的次数多了，弱势一方的感激就会消失，甚至会产生怨恨：既然你这么了不起，那就离婚好了。但可笑的是，怀有优越感的一方已经全面接受了弱势的一方，又不想离婚，因为弱势的一方总是有好处的，如体贴、有上进心、颜值高。

C先生是个小职员，当他认识D小姐的时候，D小姐有很多人追。C先生也加入到了追求的队伍中，他将D小姐奉为女神，不知疲倦地追了两年，终于打败了众多的竞争对手，抱得美人归。D小姐一方面承认了C先生是自己的男朋友，但另一方面总是对男朋友的工作挣钱太少感到介怀。于是，C先生为了爱的女人发愤图强，终于换了好工作，挣了很多钱给D小姐花，两人最终走入婚姻殿堂。结婚后，C先生还是一如既往地对D小姐好，但有一个很大的问题，就是D小姐在吵架的时候总是侮辱他，告诉他自己当初是怎么力排众议，才和他谈恋爱的。既然是这样，他就该对自己言听计从。

妻子对待自己的这种方式让C先生十分受伤，次数多了，C先生想到了离婚，但在他提出来之后，D小姐骂得更凶了，骂过之后，D小姐又感到后悔，她又开始苦苦挽留丈夫。但C先生不为所动，他认为自己的庙太小，装不下D小姐这尊大佛，两人最终离婚了。

对于不尊重对方、挑剔爱人的人来说，终有一天，他们会付出代价。指着别人的人，也会有被指的一天。

谎言怎能筑起幸福

在婚姻中，如果一方对另一方刻意隐瞒，就是埋下了定时炸弹，总有一天谎言会被揭穿，炸弹可能将婚姻炸得面目全非。当然，如果是不会危害到婚姻的谎言，而是善意的谎言，可能没有这么严重。比如，女人在结婚前有过好几任男朋友，有的男人很在乎，有的男人则不介意。隐瞒情史的事情要看遇到什么样的人。但是如果有人在婚前隐瞒了家庭状况、学历、疾病等问题，那么后果可能会很严重。

A 小姐在结婚前向丈夫 B 先生隐瞒了自己患有强迫症，还在看心理医生并且吃药的事情。当然结婚后，面对朝夕相处的丈夫，强迫症的事情隐瞒不住，所以 A 小姐告诉了丈夫这件事。因为 A 小姐需要服药，所以两人暂时不能生小孩。B 先生对这件事情十分生气，与 A 小姐大吵了一架，但最终还是接受了，支持妻子的治疗，但是提出必须对 B 先生的父母隐瞒这件事。

在丈夫和 A 小姐家人的呵护下，A 小姐的强迫症渐渐好了。于是，B 先生和妻子商量准备生一个孩子，A 小姐也答应了。但是两年的时间过去了，A 小姐的肚子一直没有什么动静。B 先生决定和妻子一起去医院检查，看一下是两个人中谁有问题，但是 A 小姐一直不答应，她让丈夫再等待一段时间。半年过去了，A 小姐仍然没有怀上孩子。B 先生认为不能再等了，他想趁着现在年轻去医院检查，如果有问题，还可以及时治疗。

A 小姐的态度一直很含糊，并对丈夫表现出内疚的神色。B 先生认为妻子有事瞒着她，A 小姐开始的时候一直否认，B 先生表示如果妻子不说，他就要和她离婚。于是，A 小姐只好承认：原来她婚前曾经宫外孕大出血，导致输卵管一侧堵塞，医生说她很难受孕。B 先生听了，十分生气，因为两人是相亲结婚，他一直纳闷 A 小姐的家庭情况很好，为什么会看上他这个“凤凰男”，原来问题在这里。A 小姐全家都对他撒了谎。

A 小姐说她一直对丈夫心存愧疚，但她并不是存心要欺骗丈夫的，医生只是说比较难受孕，又不是不能受孕，这也不能算是完全的欺骗。

但B先生认为这件事十分重大，结婚的时候A小姐应该对他说清楚，让他自己做出判断，这样对他才公平。现在，B先生表示要离婚。A小姐十分想挽留丈夫，但丈夫再也不相信A小姐了，猜想她还有什么别的事情瞒着他。

在谎言基础上构建起来的婚姻是不稳固的，所以在结婚前我们一定不要心怀侥幸，而是要十分慎重，深入地了解对方和对方的家庭，否则可能后患无穷。

除了刻意隐瞒的谎言，还有一种情况是我们明明知道对方在撒谎，为了维系婚姻，也不愿意揭穿对方。就这样，在充满谎言的婚姻里煎熬，直到崩溃……

C女士和D先生结婚差不多15年了，在他们婚姻第7年的时候，D先生有了一个情人E小姐，这个情人当时约25岁，两个人的关系维持了差不多8年的时间。C女士一直不知道E小姐的存在，因为E小姐住在另一个D先生经常出差的城市。D先生十分忙，所以有很多借口不回家，C女士也不以为意，因为在她眼里，D先生十分优秀，对家庭也十分爱护，两人的孩子也长大了。即使D先生偶尔出轨，C女士也决定睁一只眼闭一只眼。

但最近，E小姐找上门来了，得知两人的关系已经长达8年之后，C女士无法再假装下去。E小姐其实也在这段不见天日的关系里煎熬，她希望D先生有一天能够离婚，但是D先生早就告诉过她，他是不会离婚的。既然如此，E小姐表示她想要分手费，她很不幸福，需要钱来补偿，然后她会开始新的生活。C女士不想当众质问丈夫这件事，所以她瞒着丈夫给了E小姐20万元，然后当作这件事从来没有发生过，将E小姐这一篇翻过去，继续她的生活。

C女士一直在忍受这桩充满谎言的婚姻，她也深深感受到欺骗带给自己的伤害。她装作若无其事，继续自己的婚姻生活。

婚姻并不仅仅是感情的事情，结婚之后，两人的关系从爱情上升到亲情，同时也变成了利益共同体、命运共同体。但是谎言构建起来的婚姻不幸福，也不能假装幸福，希望生活在婚姻谎言中的人能够正确对待婚姻，直面伴侣和自己，找出问题，重新变得幸福起来。

Chapter 8

我们天生不完美

自以为是的家伙

在婚姻中，一方总是会需要另一方的建议和帮助，而在这种情况下经常会出现很多问题。一方可能会表现出比另一方懂得多，说：“你应该怎样”，十分自以为是。

自以为是的家伙惹人讨厌，何况是已经结婚的另一半。如果有人长期在我们面前表示他十分了不起，恐怕没有人能受得了。

A 小姐和 B 先生结婚两年了，在结婚前，A 小姐认为 B 先生是一个十分自信的人，不惧怕任何人多的场合，对内向害羞的 A 小姐来说，这种性格具有致命的吸引力。但是结婚之后，A 小姐发现这种自信简直是一种灾难。B 先生认为自己是个万事通，自己的妻子是个什么也不懂的小女孩。虽然 A 小姐性格有些内向，但她绝对不是什么事情都需要丈夫拿主意的小女人。她尊重丈夫，希望丈夫能够给她一些建议，所以才去问他。但即使是很小的事情,B 先生总是能抓住机会，表示自己无所不知。他滔滔不绝地发表看法，不管 A 小姐是听还是不听。

有一次，A 小姐的工作遇到了一些问题，也不是没有办法解决，而是解决起来十分麻烦。她非常苦恼，告诉丈夫，本来是想寻求丈夫的安慰。但是 B 先生先是将妻子的错误批判了一番，认为她不该犯一些低级的错误，然后告诉她应该怎么做。B 先生说了一大通话，没有几句能够真正帮助到A小姐，反而吵得A小姐头疼。后来，这种情况愈演愈烈，A小姐在家里稍有事情做得不好，B先生就要上来指出妻子的错误，自以为自己绝对正确。这种自信心爆棚而不自知的行为越来越引起A小姐的反感，甚至越来越怕看到丈夫。

生活中有很多自以为是的家伙，如果这个人恰好是我们的另一半，那么真让人头疼。该怎么做才能让对方的自以为是有所收敛呢？首先，一定不能任其发展下去，而是要及时提醒对方改正，如果对方不改，告诉其需要承担的后果。其次，将伴侣看成普通朋友，从朋友的角度入手，从理性的角度思考。因为很多夫妻会因为过于担心而提出一些自以为是的建议，实际上什么帮助也没有。最后，尽量避开这种自以为是的家伙，结婚前一定要擦亮自己的眼睛。

无知让人自以为是，很多时候，男女之间的不了解和误解最容易造成自以为是。

C小姐和D先生结婚3年，两人有一个2岁的孩子，最近C小姐希望离婚，因为丈夫不信任她，怀疑她拿钱补贴娘家，两人经常吵架。E女士对两人进行调解。D先生不同意离婚，他认为两人还能过得下去，关键是自己的妻子不称职，两人结婚这么多年，家里只有2万元的存款，本来最少应该有5万元。妻子不理会自己挣钱的辛苦，反而将血汗钱拿去补贴娘家。

C小姐表示自从结婚后，从来没有背着丈夫拿钱给娘家，但是丈夫根本不信。她本来也是不想离婚的，但如果丈夫不信任自己，还有什么动力为这个家付出。E女士认为两人的矛盾就是存款问题，她问D先生每个月挣多少钱，D先生表示自己每个月挣3000多元，妻子在家带孩子，每个月攒2000元，一年就能攒到2万元，三年的时间肯定能攒到5万元，这还没算其他收入。E女士听了之后，对D先生对家庭开销的一无所知感到震惊，因为物价年年攀升，什么都在涨价，在一个小城市维持一个家庭，一个月至少要2000元。如果这个家庭还有孩子的话，那么花销肯定不止这些。D先生这才明白过来，自己根本没有听妻子的解释，反而自以为是地认为家里能够存下那么多钱。

很多男人会犯下如D先生一样的错误，认为妻子不会持家。其实很多女人也认为丈夫应该挣得更多。如果夫妻双方站在对方的角度考虑一下，结合实际去了解，肯定就不会这么自以为是了，也不会有那些不必要的磕磕绊绊。

戒备心太强怎么办

新闻报道称，一个小区的保安爱上了一个女业主，保安给女业主写了封情书，结果这个女业主将这封情书交给了物业公司，要求公司开除这个保安。物业公司应女业主的要求开除了保安，保安不服，将物业公司告上法庭。事情报道出来之后，有人谴责物业公司无故开除保安，有人谴责保安骚扰女业主，众说纷纭。

从这个事例可以看出，人们的戒备心很强，保安只是写了封情书，女业主没回应，他也没有后续动作，就为自己惹来了麻烦。现在的人戒备心大都太强，即使在婚姻中，很多本来应该相互信任的伴侣戒备心仍然没有消除。比如，在谈恋爱的时候，男人隐瞒自己有钱的形象，呈现给对方一个屌丝的形象，试探对方是爱他这个人还是他的钱。其实不管男女，如果遇到戒备心太强的人，心里都是不爽的。

但是有戒备心总是有好处的，这样可以让自己免于受伤害。此外，戒备心强的人多数条件好，如有钱、有权、各方面条件好的人，可能别人图他的地方也多，不多长几个心眼，万一被骗了怎么办。还有人受过情伤，害怕再次受到伤害。

女人的戒备心一般比男人强，因为女人可能有很多追求者，在追求者众多的情况下，她必须小心谨慎，才能防止被骗。虽然女人的追求者可能多，但是真正爱她们、愿意与她们进入婚姻的男人未必多。花心的男人遇到戒备心强的女人，不愿意付出什么代价，很快就会转而追求其他容易得手的女人。而对想要结婚的男人来说，戒备心强的女人可能正是他们所需要的，她们可能比戒备心弱的女人更忠诚。

A先生一直在追求B小姐，但B小姐的回应有时冷淡有时热情，让A先生不知所措。本来两人聊天聊得好好的，但不知A先生说了什么，B小姐的态度立刻冷淡下来。两人本来正在约会，B小姐突然就表示自己不舒服，要立刻回家。这种情况出现得多了，A先生就问B小姐她心里是怎么想的，为什么一直这么考验自己。

B小姐告诉A先生：自己曾经有段刻骨铭心的爱情，前男友提出分手让她十分痛苦。她以为自己可以和A先生谈恋爱，开始新的生活，但时时感到害怕，担心如果这次恋爱失败，自己恐怕再也无法承受失恋的打击。

知道B小姐内心的创伤之后，A先生决定用自己的耐心和实际行动让B小姐放下对他的戒心，从而接受他。A先生每隔一天就会给B小姐打电话，周末的时候两人总是一同出去玩。在B小姐生日的时候，A先生为她制造了一个惊喜，向她求婚。过了几天，A先生带B小姐去见自己的父母，当面表示自己愿意和B小姐组成家庭。B小姐被A先生的诚意打动，最终答应了求婚。

如果爱一个人，对方戒备心强，那么我们应该更加努力，打破对方的戒备心。对于伴侣，除了用耐心和爱，没有其他什么更能让对方信服的办法。

纸上谈兵有何用

A小姐和B先生三年来分分合合，终于结婚了。B先生是个爱面子的人，虽然没有什么钱，他还是东挪西借筹办了一场盛大的婚礼。结婚后，A小姐希望两人能够努力工作挣钱，将负债还上，然后攒钱买房，过好自己的小日子。但是B先生的家人和亲戚一直不知道这对小夫妻没有钱，而是有什么事就找B先生借钱，且总是不还。B先生是个大方的人，给父母和一些不那么亲的人都很舍得花钱送礼物。

A小姐希望丈夫以这个家庭为重，希望他能将两人的真实经济情况告诉他的家人，不能再这么大方了。但是B先生每次听到妻子这么对他说都非常生气，甚至威胁妻子不要告诉自己的父母。虽然现在B先生的工作收入不怎么高，但B先生一直向父母还有妻子承诺以后一定能挣很多钱，现在为父母亲戚花的这些钱根本不算什么。除了A小姐，B先生的家人都沉浸在这场纸上谈兵的挣钱美梦中。

很快，五年的时间过去了，B先生虽然折腾得很厉害，但是在挣钱的路上走得并不怎么顺畅，不仅没有挣到钱，家里可谓债台高筑了。A小姐虽然很爱丈夫，但在现实面前，再多的爱也被消磨殆尽。为了生活，A小姐一直努力工作，为改善家里的经济状况而付出，但这个家庭就像个无底洞，挣的钱永远存不住。B先生依然不停地诉说着他挣大钱的计划，但在现实面前，他束手束脚，再完美的计划也是纸上谈兵。最后，两人生活的物质基础都没有了，不得已，A小姐提出了离婚。

不管婚前多么相爱，婚姻必须建立在一定的物质基础之上。男人在向女人许诺婚姻的时候，也会向女人许诺会努力挣钱，让对方过上好日子。但并不是每个男人都能挣到让自己的妻子孩子过上无忧无虑日子的钱。既然如此，男人就应该脚踏实地好好工作，而不是纸上谈兵，再继续勾画挣大钱的美梦。

婚姻中，除了物质考验，带孩子也绝对是很大的考验。不管是多么相爱的夫妻，在带孩子这件劳心劳力的事情上面，绝对会让人重新认识对方。现在很多的“80后”“90后”夫妻生了孩子后想依靠双方的父母来照顾，但是这本身有很多问题。没有真正带孩子的父母在养孩子这件事情上也就没有什么话语权，不管长辈们再怎么帮，父母还是要真正地付出心力，而不是纸上谈兵。很多新手妈妈即使心里不愿意，但是事到临头，也还是会硬着头皮上的。

但是很多爸爸就不行了，他们只当自己是旁观者，看看书上的育儿理论，指手画脚，根本没有真正去实践。

C女士和D先生在结婚第三年生了一个宝宝，本来两人是一对很相爱的夫妻，但C女士说在孩子出生的这一年里，她觉得爱情被消磨得一点都不剩了，因为养孩子实在太难了。在分娩前，C女士买了一大堆母婴用品，满怀期待着宝宝的出生。并且她认为到时候只要请婆婆或妈妈来帮忙就好了，结果孩子出生后，婆婆和自己的亲妈同时到家，在带宝宝的时候纷争不断。而只是依照育儿书照本宣科的C女士根本就没有什么说服力，最后婆婆和妈妈双双离开，一切都要C女士亲力亲为。

C女士的老公则突然变得脾气暴躁，对孩子几乎不管不问，如果让他帮忙，他只会站在一边对C女士照顾孩子的行为指手画脚。结果，最艰难的前几年时间都是C女士一个人扛过来的。虽然两人没有因这件事感情破裂，但这也让C女士常常问自己，要这个书生老公有什么用。用到他的时候，他都一副纸上谈兵的模样，根本指望不上。

对于纸上谈兵的人，我们不能期待过高，如果对方正好是我们的伴侣，那么就应该心存宽容，主动去寻找解决问题的办法。

武断地以貌取人

A先生终于追到了B小姐，并且两人要结婚了。A先生身边的朋友们都感到震惊，而B小姐身边的朋友则替她感到不值。因为B小姐是一个大美女，喜欢帅哥，而A先生只是一个普通人，有着普通的长相、普通的家庭。不知道A先生究竟有什么样的魅力，能够让B小姐投入他的怀抱。不过夫妻的事情，除了他们自己，谁也说不清。

B小姐的朋友纷纷跑来询问原因。B小姐的朋友C小姐抱不平地说，

A先生他长成这样，怎么能配得上你这位大美女呢？B小姐的其他朋友也表示同意，对于这种外貌差距悬殊的情况，怎么着也得为下一代考虑吧，即使不考虑下一代的相貌，对方也得提供一个好的物质环境呀。B小姐感谢朋友的好意，她说：过去我确实很重视外貌，但后来我接触了A先生之后，发现自己太武断了。他虽然长得不帅，但他真诚、睿智，充满了男人的魅力，而且我能感受到他对我的真心。过去我交往的男友虽然长得帅，但是他们总是有“备胎”，最后都背叛了我。你们别为我不值了，等以后结了婚，你们再看他对我好不好，就能明白了。

A先生和B小姐很快结了婚，在结婚后，A先生对B小姐十分体贴宠爱，可谓含在嘴里怕化了，捧在手里怕摔了。B小姐表示自己十分幸福。

很多人在结婚之前，都会考虑对方所具备的各种条件是否符合自己的要求，外貌是很重要的一环。长得好看的，带出去总是有面子的，不管是男人还是女人，都有这种心理。但在婚姻里，是否真正幸福不能光看外貌，因为真正适合自己的人外貌可能长得并不是那么光鲜，在这种情况下怎么办？

外貌当然很重要，可是不是绝对重要，世上大部分人是长相普通的人，他们照样结婚、生子，过着幸福或不幸的生活。只是外貌出众可能会增加一个人找到幸福的可能性，如果他或她努力工作，努力寻找适合自己的伴侣的话，比普通人看起来要容易一些，但实际上的各种心酸也只有自己知道。

人的外貌会随着年龄而改变，30岁之前，你可以以貌取人，别人也可能以貌取你。但随着时间的推移，人们更倾向于从衣着、打扮、气质、职业、受教育程度等方面去判断这个人，然后才决定如何对待他，而不是光看外表就可以的。

C小姐长相普通，在大学时期，她追过班里班草级的男生D先生，这个D先生身边经常围绕着一些女孩子。仅仅从外表来看，C小姐完全没有机会，C小姐身边的朋友也劝她放弃，不要浪费时间。但是C小姐并没有气馁，她决定先与D先生做哥们儿，两人很快熟稔起来。D先生喜欢踢足球，C小姐经常去看他踢球，为他加油。C小姐为他准备饮料、毛巾，比他的女朋友还要周到，虽然在这期间她遭到了其他同学的嘲笑，说她癞蛤蟆想吃天鹅肉，但她并没有放弃，而是将这些负面情绪全部消化，总是以笑脸面对D先生。

D先生身边的女孩子换了好几茬，只有C小姐一直陪伴着他，听他倾诉失恋，听他说考试的事，听他讲朋友的故事……在两人毕业之后，D先生回到家乡的城市工作，而C小姐为了能继续和D先生见面，不顾父母的反对，考取了D先生家乡一所学校的老师。随着时间的推移，D先生越来越离不开C小姐，也越来越感到C小姐变漂亮了，从一枚青涩的女孩长成一个温柔、贤惠的小女人。最后，两人决定结婚，虽然D先生的父母有点反对，毕竟未来儿媳妇长得不怎么漂亮，但是D先生下定了决心。虽然有波折，两人最终还是走到了一起。

如果没有好的外貌，那么就要在其他方面努力，让对方发现自己的其他优点，最终打破以貌取人的壁垒，获得自己的幸福。

没有一劳永逸的事

对于结婚的人，结婚不是结束，而是开始。不管是男人还是女人，不要以为自己结婚了就能一劳永逸。男女之间的相处，一开始是性吸引力，不需要太多的技巧，但是性吸引力消退之后，怎么维持下去就要考验人的智慧。如果你想要好的婚姻，就必须不断地经营。

A先生是一个公司的老总，身家千万，他娶了小自己26岁的娇妻B小姐。B小姐22岁，年轻美貌。这是一场婚姻交易，图省事的A先生以为用钱就能让娇妻与他好好过日子，拜金的B小姐对A先生没有什么感情，纯粹是为了钱才与自己父亲般年纪的男人结婚。结婚之后，B小姐喜欢买奢侈品，A先生满足了妻子的全部要求。而且A先生为了表示自己的诚意，还送给对方价值上百万元的房产和车子。

虽然A先生很有钱，但B小姐十分能花钱，几乎每天都出去购物，只要看上的珠宝、衣服，都央求A先生给她买下来，如果A先生不买，B小姐就不顾形象，大哭大闹。特别是在夜晚，A先生很累了，都睡下了，B小姐却吵得A先生头疼。即使如此，B小姐也没有想好好过日子，而是在两年之后变卖了属于她的房产和车子，秘密出走了，留下了一份离婚协议书。A先生既失去了娇妻，又付出了惨痛的经济代价。

A先生就是典型的在婚姻中想省事的男人，以为用钱就能买到妻子的一切，最后的收获却是背叛。美剧《绝望主妇》里的女主角之一加布丽尔的丈夫就是和A先生一样的男人，以为用钱给妻子买礼物，就能维系婚姻生活。男人总是以为用钱就能征服女人，当然表面上是这样的，但是能维持多久呢？婚姻的里面有多少欺骗和隐瞒呢？有钱的婚姻也和其他很多婚姻一样，存在诸多问题。

除男人认为钱能征服女人、维系婚姻外，也有很多女人在“圈住”一个男人进入婚姻之后，就不再提升自己。

C先生和D女士结婚十多年了，自从进入婚姻，D女士就主动辞职，做起了家庭主妇，全家只靠C先生的工资支撑，只能量入为出，也不能存下钱。遇到大事需要花钱的时候，C先生就四处借贷。孩子还小的时候，C先生觉得也没什么，挣钱养家没什么可抱怨的。但随着孩子长大上了小学，压力增加，C先生希望妻子重新出去工作，不管干什么都能挣点钱，贴补家用。但是D女士认为自己年纪大了，找不到什么好工作，就一直在家没有出去。C先生还主动托人介绍，最后因为D女士工作不用心，也都不了了之。

C先生对妻子的行为实在受不了了，于是提出了离婚，孩子归C先生。但D女士不同意，如果想让她同意，C先生必须每个月付给她2000元的扶养费。但C先生一个月只能挣4000元，这些钱还要养孩子，所以C先生拒绝了。他认为在这种男女平等的社会，D女士随便挣点钱都不止2000元。后来，两人的离婚不了了之，但C先生基本不回家了，只是给D女士一些养孩子的钱，D女士就靠打麻将来打发时间。

在这个竞争激烈的社会中，女人的观念也要改变了。一定要懂得婚姻有风险，投资需谨慎。如果一个女人没有持续完善自己，那么结局很可能是被嫌弃。总而言之，婚姻是一种互利互惠的交换行为，只要有一方不成长，就很有可能遭遇婚姻危机，因为没有一劳永逸的婚姻。

过度压抑会憋出内伤

越是努力追求婚姻幸福、追求人生完美的人，可能越是压抑。

美剧《绝望主妇》里的女主人公之一布里是一个“完美主妇”，除了她的家人，她得到了所有人的认同。她家的草坪是整个紫藤街修剪得最平整的，花园里的绣球花欣欣向荣。她的家永远干净整洁，她做的菜永远色香味俱全，从来不让老公孩子吃简单的食物。她的头发一丝不苟，她的丈夫说从来没有见过她头发乱过。她的嘴角一直保持微笑，对自己要求严格甚至苛刻。为了维护完整的家，在丈夫提出离婚后，她依然保持微笑，只是在洗手间里悄悄哭泣了五分钟。完美的布里坚持将一切做到最好，但是丈夫和孩子都不领情，丈夫要与她分居，孩子也与她对着干。

布里的自尊心很强，不希望邻居看到她的婚姻失败。她过度压抑自己，靠吃镇静剂的方式让自己冷静下来。后来，她终于崩溃，开始歇斯底里。

布里是一个完美主义者，不能容忍丝毫瑕疵，但是她也是追求完美的受害者。不仅伤害了最亲的人，还让自己遍体鳞伤。有很多人外表强硬，实际上内心脆弱。他们承担着更大的压力，内心压抑，无法向人敞开心扉，这样的人很可能会憋出很深的内伤。为什么有人这么压抑自己呢？因为他们太在意别人的看法，太在乎自己的形象。其实，别人的看法根本没有那么重要。我们要学会解压，做自己真正想做的事情，承认自己内心最真实的感受，这样才能快乐起来。

在婚姻中，我们要学会放松，事事追求完美反而适得其反，不仅让自己疲惫不堪，也可能让对方离开得更快。婚姻不是一直努力就能成功的，有人害怕婚姻失败，难以接受失败的现实，所以过度压抑自己，这种压抑感蔓延在婚姻中，令人窒息。

A先生是个普通男人，他一直努力追求心中的女神B小姐，终于得偿所愿，两人结婚了。结婚之后，A先生害怕妻子被别的男人觊觎，所以希望妻子辞去工作，安心当一个家庭主妇。B小姐听了之后，觉得丈夫十分体贴，于是答应了。但自从辞职后，闲时间太多了，丈夫也没有时间陪着自己，她就经常出去玩，认识了很多朋友。除女性朋友外，也有很多男性朋友。A先生知道之后，让妻子不要和男人在一起玩。B小姐认为没什么大不了的。但是A先生十分生气，甚至严厉地指责她，阻止她见男性朋友。

B小姐感到丈夫对自己的态度太坏了，所以将丈夫的话置若罔闻。结果A先生暴怒了，直接让B小姐待在家里，再也不要出门了。B小姐不听，A先生动手给了妻子一巴掌。B小姐被吓到了，偷偷地从家里跑回娘家。A先生上门请求妻子的原谅，带了很多礼物，并表示再也不会打B小姐，B小姐原谅了丈夫。但是A先生仍然不允许妻子有异性朋友，随着时间的推移，A先生把妻子管得越来越紧。B小姐觉得压抑得无法呼吸，她很想离开，于是提出了离婚。A先生当然不会轻易同意，但B小姐在家人的帮助下，费了好大的劲儿，终于和A先生离婚了。

像B小姐这样，遇到错误的人，进入压抑窒息的婚姻，对身心健康极为不利。所以在选择伴侣时，我们一定要睁大眼睛。除别人可能使我们压抑外，我们也要防止自己对自己的压抑。

像经营事业一样经营人生

每个人的人生都是唯一的，事业、婚姻都是人生重要的组成部分。对一些女人来说，婚姻的成功就是人生的成功。对很多男人来说，好的婚姻是事业的助力。所以选择人生伴侣的时候，我们一定要选最适合自己的，因为万一离婚了，我们可能会为此付出巨大的代价。

A小姐是在怀孕时发现丈夫B先生出轨的，对她来说这无疑是一个晴天霹雳。对于出轨这件事，有的人不能容忍丈夫一丝一毫的背叛。A小姐就是这种类型，她认为男人只要出轨过一次，即使保证不出轨，以后肯定还会再犯，所以她经过再三考虑提出了离婚。而B先生不同意，两人结婚三年，有很深的感情基础，现在A小姐还怀上了孩子，他更不愿意离婚了。

A小姐态度很坚决，于是B先生给妻子的父母和自己的父母打了电话，告诉他们A小姐怀孕的事。本来两家父母就一直希望他们快点要小孩，所以对这个喜讯十分高兴。A小姐也不好对双方父母说丈夫出轨，她要离婚的事情。但A小姐私下已经决定要打掉孩子，尽快离婚，将全部精力投入工作。于是，A小姐背着所有人到医院做掉了孩子。两人的离婚拖了两个月，在这场离婚战中，双方父母都支持A先生。他们信奉“宁拆十座庙，不毁一桩婚”。但是最后，A小姐顶住压力，成功离婚。

A小姐的选择是正确的，她没有将时间、感情浪费在挽回丈夫的心，浪费在自怨自艾上，而是理性地面对，及时止损。对女人来说，婚姻虽然很重要，但是经营自己的人生更重要。

C女士是一个事业型女性，她的丈夫D先生很敬重她，虽然她工作很忙，但她还是花了很多时间在家庭关系上。C女士的情商很高，不仅经济独立，而且精神独立，她温柔、智慧、理性、能干。C女士在怀孕的时候还一直在工作，直到分娩。她忍住疼痛，从办公室赶到医院生下孩子。坐完月子，她在家办公，不仅将工作打理得井井有条，还指挥保姆把孩子照顾得舒舒服服。C女士的老板也认为公司离不开她。

很多认识C女士的朋友都说C女士像是一个女超人，将工作和家庭都打理得十分成功，令人羡慕。而C女士自己则很谦虚，她说工作和家庭一样重要，她一直在努力经营事业和家庭，所以人生很完满。

其实，只要自己知道自己一直在努力，那么人生就是成功的，即使可能没有获得世俗意义上的成功。

图书在版编目 (CIP) 数据

高情商：掌控你的爱情与婚姻 / 磨剑著. —北京：中国法制出版社，2019.11
（心理学世界）
ISBN 978-7-5216-0613-3

Ⅰ. ①高… Ⅱ. ①磨… Ⅲ. ①情商－通俗读物 Ⅳ. ① B842.6-49

中国版本图书馆 CIP 数据核字（2019）第 227548 号

策划编辑：陈晓冉
责任编辑：陈晓冉　冯运（fengyun1s@126.com）　　封面设计：汪要军

高情商：掌控你的爱情与婚姻
GAO QINGSHANG：ZHANGKONG NI DE AIQING YU HUNYIN
著者 / 磨剑
经销 / 新华书店
印刷 / 三河市国英印务有限公司
开本 / 710 毫米 ×1000 毫米　16 开　　印张 / 11.75　字数 / 150 千
版次 / 2019 年 11 月第 1 版　　2019 年 11 月第 1 次印刷

中国法制出版社出版
书号 ISBN 978-7-5216-0613-3　　定价：39.80 元

北京西单横二条 2 号　邮政编码 100031　　传真：010-66031119
网址：http://www.zgfzs.com　　编辑部电话：010-66034985
市场营销部电话：010-66033393　　邮购部电话：010-66033288
（如有印装质量问题，请与本社印务部联系调换。电话：010-66032926）